和谐校园文化建设读本

中国名港

柳 江/编写

ZHONGGUO MINGGANG

吉林教育出版社

图书在版编目(CIP)数据

中国名港 / 柳江编写． — 长春：吉林教育出版社，2012.6（2022.5重印）

（和谐校园文化建设读本）

ISBN 978－7－5383－8792－6

Ⅰ．①中… Ⅱ．①柳… Ⅲ．①港口－中国－青年读物②港口－中国－少年读物 Ⅳ．①U659.2－49

中国版本图书馆 CIP 数据核字（2012）第 116005 号

中国名港				柳 江 编写
策划编辑	刘 军	潘宏竹		
责任编辑	刘桂琴		**装帧设计**	王洪义

出版　吉林教育出版社（长春市同志街 1991 号 邮编 130021）
发行　吉林教育出版社
印刷　北京一鑫印务有限责任公司
开本　710 毫米×1000 毫米　1/16　13 印张　字数　165 千字
版次　2012 年 6 月第 1 版　2022 年 5 月第 3 次印刷
书号　ISBN 978－7－5383－8792－6
定价　39.80 元

吉教图书　　版权所有　　盗版必究

编委会

主　　编：王世斌

执行主编：王保华

编委会成员：尹英俊　尹曾花　付晓霞

　　　　　　刘　军　刘桂琴　刘　静

　　　　　　张　瑜　庞　博　姜　磊

　　　　　　潘宏竹

　　　　　　（按姓氏笔画排序）

总 序

千秋基业，教育为本；源浚流畅，本固枝荣。

什么是校园文化？所谓"文化"是人类所创造的精神财富的总和，如文学、艺术、教育、科学等。而"校园文化"是人类所创造的一切精神财富在校园中的集中体现。"和谐校园文化建设"，贵在和谐，重在建设。

建设和谐的校园文化，就是要改变僵化死板的教学模式，要引导学生走出教室，走进自然，了解社会，感悟人生，逐步读懂人生、自然、社会这三部天书。

深化教育改革，加快教育发展，构建和谐校园文化，"路漫漫其修远兮"，奋斗正未有穷期。和谐校园文化建设的研究课题重大，意义重要，内涵丰富，是教育工作的一个永恒主题。和谐校园文化建设的实施方向正确，重点突出，是教育思想的根本转变和教育运行机制的全面更新。

我们出版的这套《和谐校园文化建设读本》，全书既有理论上的阐释，又有实践中的总结；既有学科领域的有益探索，又有教学管理方面的经验提炼；既有声情并茂的童年感悟，又有惟妙惟肖的机智幽默；既有古代哲人的至理名言，又有现代大师的谆谆教诲；既有自然科学各个领域的有趣知识，又有社会科学各个方面的启迪与感悟。笔触所及，涵盖了家庭教育、学校教育和社会教育的各个侧面以及教育教学工作的各个环节，全书立意深邃，观念新异，内容翔实，切合实际。

我们深信：广大中小学师生经过不平凡的奋斗历程，必将沐浴着时代的春风，吸吮着改革的甘露，认真地总结过去，正确地审视现在，科学地规划未来，以崭新的姿态向和谐校园文化建设的更高目标迈进。

让和谐校园文化之花灿然怒放！

本书编委会

目 录

开篇的话	001
大连港	004
悠久的港口历史	005
大连港标志——南灯塔	006
百年灯塔——老铁山灯塔	007
大连开埠的"达里尼市政厅"	009
大连港客运站	010
秦皇岛港	014
悠久的港口历史	015
秦皇岛的开埠机缘	018
秦皇岛历史上最早的佛寺	021
北煤南运的主枢纽	023
天津港	028
悠久的港口历史	029
天津商业的摇篮——估衣街	033
旧时天津各色集市	037
天津卫三宗宝	038
天津国际邮轮母港	040
青岛港	041
悠久的港口历史	043
徐福山东入海求仙	046
昔日商埠——板桥镇	052
名僧法显与青岛崂山	057
元朝胶莱运河漕运	062
上海港	065
悠久的港口历史	066
上海最早对外贸易港——青龙镇	070
吴淞江孕育了上海港	073
黄浦江水系的形成挽救和发展了上海港	075
上海港最早的航标——青龙塔	078
上海港码头号子	079
宁波港	081
悠久的港口历史	083
航海、造船的重要基地	086

"五口通商"与宁波 ………………………………………… 090
　　传播佛教文化的城市 ……………………………………… 091
温州港 …………………………………………………………… 095
　　悠久的港口历史 …………………………………………… 097
　　温州古代海外贸易 ………………………………………… 100
　　温州：侨乡侨味浓 ………………………………………… 103
　　世界历史文物灯塔——江心屿双塔 ……………………… 105
泉州港 …………………………………………………………… 110
　　悠久的港口历史 …………………………………………… 111
　　繁荣兴旺的外贸港城 ……………………………………… 115
　　色彩缤纷的国际都市 ……………………………………… 117
　　泉州人民与各国人民的友好往来 ………………………… 119
　　郑和与泉州 ………………………………………………… 121
　　泉州桥梁甲闽中 …………………………………………… 123
广州港 …………………………………………………………… 125
　　悠久的港口历史 …………………………………………… 126
　　古市舶亭 …………………………………………………… 129
　　古代外侨聚居点——番坊 ………………………………… 131
　　外国洋行的所在地——长堤 ……………………………… 133
　　明清时期的外贸中心——十三行 ………………………… 135
　　中国第一座清真寺——怀圣寺 …………………………… 138
　　广州最早的佛寺——光孝寺 ……………………………… 139
　　唐宋时期广州海外交通史遗迹——南海神庙 …………… 141
重庆港 …………………………………………………………… 143
　　悠久的港口历史 …………………………………………… 146
　　重庆巴渝文化 ……………………………………………… 147
　　重庆古城门 ………………………………………………… 151
　　近代航运业巨子——卢作孚 ……………………………… 158
武汉港 …………………………………………………………… 167
　　悠久的港口历史 …………………………………………… 169
　　武汉的码头文化 …………………………………………… 173
　　汉口的开埠史 ……………………………………………… 177
　　武汉老街——花楼街 ……………………………………… 180
　　中俄"茶叶之路"起点 ……………………………………… 183
扬州港 …………………………………………………………… 186
　　悠久的港口历史 …………………………………………… 187
　　"商胡离别下扬州" ………………………………………… 190
　　中日友好使者——鉴真和尚 ……………………………… 193
　　扬州古运河 ………………………………………………… 198
展望中国名港 …………………………………………………… 201

开篇的话

港口是具有水陆联运设备和条件，供船舶安全进出和停泊的运输枢纽，是水陆交通的集结点和枢纽，工农业产品和外贸进出口物资的集散地，船舶停泊、装卸货物、上下旅客、补充给养的场所。由于港口是联系内陆腹地和海洋运输（国际航空运输）的一个天然界面，因此，人们也把港口作为国际物流的一个特殊结点。

一、港口的历史

最原始的港口是天然港口，有天然掩护的海湾、水湾、河口等场所供船舶停泊。在西方，地中海沿岸有许多古代重要港口。今希腊克里特岛南岸就有文化时期梅萨拉港的遗址。腓尼基人约于公元前2700年在地中海东岸兴建了西顿港和提尔港（在今黎巴嫩）。此后，在非洲北岸建了著名的迦太基港（在今突尼斯）。古希腊时代在摩尼契亚半岛西侧兴建了比雷克斯港。马其顿王亚历山大于公元前332年在埃及北岸兴建了亚历山大港。罗马时代在台伯河口兴建了奥斯蒂亚港（在今意大利）。随着商业和航运业的发展，天然港口已不能满足经济发展的需要，须兴建具有码头、防波堤和装卸机具设备的人工港口，这是港口工程建设的开端。产业革命后，开始了大规模的港口建设。19世纪初出现了以蒸汽机为动力的船舶，于是船舶的吨位、尺度和吃水日益增大，为建造人工深水港池和进港航道需要采用挖泥机具以后，现代港口工程建设才发展起来。陆上交通尤其是铁路运输将大量货物运抵和运离港口，大大促进了港口建设的发展。

中国在汉代建立了广州港，同东南亚和印度洋沿岸各国通商。后来，建立了杭州港、温州港、泉州港和登州港等对外贸易港口。到唐代，还有明州港（今宁波港）和扬州港。由明州港可渡海直达日本；扬州港处于大运河和长江的交汇点，为当时水陆交通枢纽，出长江东通日本，或经南海西达阿拉伯。宋元时期，又建立了福州港、厦门港和上海港等对外贸易港口。1840年鸦片战争后,英国强迫清政府签订《南京条约》,开放广州、福州、厦门、宁波、上海五港为通商港口。此后帝国主义列强强迫清政府开辟的通商港口有天津、青岛、汉口等港。他们在各自占据的租界区内修建码头,夺取在中国的筑港权以至港口管理权。中华人民共和国成立后,中国港口事业开始了新的发展。50年代初,建成有万吨级泊位的湛江港和有近代化煤码头的裕溪口港。70年代中期以来,在大连港建成万吨级石油码头,在宁波北仑港建成万吨级矿石码头。天津、上海、黄埔等港的集装箱码头也已建成投产。

改革开放以后,中国沿海港口建设重点围绕煤炭、集装箱、进口铁矿石、粮食、陆岛滚装、深水出海航道等运输系统进行,特别加强了集装箱运输系统的建设。政府集中力量在大连、天津、青岛、上海、宁波、厦门和深圳等港建设了一批深水集装箱码头,为中国集装箱枢纽港的形成奠定了基础;煤炭运输系统建设进一步加强,新建成一批煤炭装卸船码头。同时,改建、扩建了一批进口原油、铁矿石码头。到2004年底,沿海港口共有中级以上泊位2500多个,其中万吨级泊位650多个;全年完成集装箱吞吐量6150万标准箱,跃居世界第一位。一些大港口年总吞吐量超过亿吨,上海港、深圳港、青岛港、天津港、广州港、厦门港、宁波港、大连港八个港口已进入集装箱港口世界50强。

二、港口的功能

港口历来在一国的经济发展中扮演着重要的角色。运输将全世界连成一片,而港口是运输中的重要环节。世界上的发达国家一般都具有自己的海岸线和功能较为完善的港口。港口的功能可归纳为以下四个方面:

1.物流服务功能。港口首先应该为船舶、汽车、火车、飞机、货物、集装箱提供中转、装卸和仓储等综合物流服务,尤其是提高多式联运和流通加工的物流服务。

2.信息服务功能。现代港口不但应该为用户提供市场决策的信息及其咨询,而且还要建成电子数据交换(EDI)系统的增值服务网络,为客户提供订单管理、供应链控制等物流服务。

3.商业功能。港口的存在既是商品交流和内外贸易存在的前提,又促进了它们的发展。现代港口应该为用户提供方便的运输、商贸和金融服务,如代理、保险、融资、货代、船代、通关等。

4. 产业功能。建立现代物流需要具有整合生产力要素功能的平台,港口作为国内市场与国际市场的接轨点,已经实现从传统货流到人流、货流、商流、资金流、技术流、信息流的全面大流通,是货物、资金、技术、人才、信息的聚集点。

三、港口的分类

港口按所处位置分,有河口港、海港和河港等。

(1) 河口港

位于河流入海口或受潮汐影响的河口段内,可兼为海船和河船服务。一般有大城市作依托,水陆交通便利,内河水道往往深入内地广阔的经济腹地,承担大量的货流量,故世界上许多大港都建在河口附近,如鹿特丹港、伦敦港、纽约港、列宁格勒港等。河口港的特点是,码头设施沿河岸布置,离海不远而又不需建防波堤,如岸线长度不够,可增设挖入式港池。

(2) 海港

位于海岸、海湾或潟湖内,也有离开海岸建在深水海面上的。位于开敞海面岸边或天然掩护不足的海湾内的港口,通常须修建相当规模的防波堤,如大连港、青岛港、连云港、基隆港、意大利的热那亚港等。供巨型油轮或矿石船靠泊的单点或多点系泊码头和岛式码头属于无掩护的外海海港,如利比亚的卜拉加港、黎巴嫩的西顿港等。潟湖被天然沙嘴完全或部分隔开,开挖运河或拓宽、浚深航道后,可在潟湖岸边建港,如广西北海港。也有完全靠天然掩护的大型海港,如东京港、香港港、澳大利亚的悉尼港等。

(3) 河港

位于天然河流或人工运河上的港口,包括湖泊港和水库港。湖泊港和水库港水面宽阔,有时风浪较大,因此同海港有许多相似之处,如往往需修建防波堤等。俄罗斯古比雪夫、齐姆良斯克等大型水库上的港口和中国的武汉港口均属此类。

从下一部分开始,我们将一起来了解中国名港,由于篇幅原因,这里只介绍海港 9 个,河口港及河港 3 个。

大连港

大连港位于辽东半岛南端的大连湾内,港阔水深,冬季不冻,万吨货轮畅通无阻。大连是哈大线的终点,以东北三省为经济腹地,是东北的门户,也是东北地区最重要的综合性外贸口岸。大连的港口以其泊位最多、功能最全、进出港船舶最多和现代化程度最高四项中国之最,构成了中国最大的港口群。从大窑湾至老虎滩近百千米的海岸线上,平均每4千米就有一座港口,是中国港口密度最高的"黄金海岸"。

大连港位居西北太平洋的中枢,是正在兴起的东北亚经济圈的中心,是该区域进入太平洋、面向世界的海上门户。港口港阔水深,不淤不冻。自然条件非常优越,是转运远东、南亚、北美、欧洲货物最便捷的港口。港口自由水域346平方公里,陆地面积10余平方公里;现有港内铁路专用线150余公里、仓库30余万平方米、货物堆场180万平方米、各类装卸机械千余台;拥有集装箱、原油、成品油、粮食、煤炭、散矿、化工产品、客货滚装等80来个现代化专业泊位,其中万吨级以上泊位40多个。

大连港交通十分方便,哈大铁路正线与东北地区发达的铁路网连接。公路有全国最长的沈大高速公路与东北地区的国家公路网络相连接,是中国南北水陆交通运输枢纽和重要国际贸易港口之一,在国际贸易和国内物资交流方面起着重要作用。大连港现有7个专业装卸作业区,48个泊位。经东北铁路网和公路网,大连港还联接着俄罗斯和朝鲜,可通过西伯利亚大铁路,成为欧亚大陆桥的起点。

海上运输已开辟到香港、日本、东南亚、欧洲等国际集装箱航线8条,国内客运航线8条,以及定期的旅游船航线。

陆海空多种运输方式组成的主体运输网为大连港发展提供了优越的集疏运条件。大连港与美国的奥克兰港、休斯敦港,加拿大的温哥华港,日本的北九州港、横滨港、伏木富山港等结为友好港。

悠久的港口历史

　　1896年5月俄国尼古拉二世在彼得堡举行加冕典礼,李鸿章作为中国代表应邀参加。国弱无外交,1896年6月李中堂无奈地和沙俄签订了《中俄密约》。1897年12月17日俄国5艘军舰在乌诺夫少将指挥下闯入旅顺口。1898年3月27日在沙俄威逼下,李鸿章与俄国驻华代理公使巴甫洛夫签订了《旅大租地条约》,租期为25年。尼古拉二世多年梦寐以求的在太平洋获得不冻港的夙愿终于实现,他兴奋得对身边大臣说道:"真是太好了,简直难以置信。我们也要建一个俄国的香港。"1898年3月28日沙俄弗拉基米洛维奇亲王带领1000名官兵登上旅顺黄金山鸣炮、升旗,举行占领仪式。同日,200多名沙俄官兵以同样方式占领大连湾。1898年5月俄国迫使清政府在彼得堡与之签订了《旅大租地续约》,获取了大连地区的全部利益。

　　1898年3月29日沙俄政府发布特别通告,建设西伯利亚最大的码头——大连湾港,5月29日开始选址,6月3日将港址选在潮流缓慢、水深适合的青泥洼海岸。1899年8月沙皇尼古拉二世敕命批准在东西青泥洼一带修建大连港和大连市(俄音译"达尔尼",也有译"达里尼",意为"远方",与大连谐音),同时宣布大连港为"自由港"。9月28日沙皇召开的特别会议上通过了萨哈罗夫编制的大连港和大连市规划的方案。同日筑港建城工程启动,划大连为"特别市",始建大连商港。设计规模可同时停靠千吨级轮船100艘,年通过能力520万吨。商港是大连城市建设开端,是大连以港立市的标志。

　　修筑东省铁路和南满直线,修建大连港和市街需要大批吃苦耐劳、身强体壮又廉价的劳动力。恰逢华北地区黄泛区天灾人祸,大批破产的农民急需"闯关东"来谋生。这些"闯关东"的难民的出发地海路集中在烟台,主要是山东登州、莱州、青州、沂州以及胶州人;陆路则经天津、山海关到大连或东北三省,这部分人主要来自济南、武定、东昌、曹州等地。来到大连的这些移民和以后陆续从山东来大连的人是今天大连人的先人,大连人

80％以上具有山东血统。

1951年，苏联政府将大连港移交中国政府，中国正式收回大连港。毛达恂任1899年开港以来第一任中国港长，政务院总理周恩来和夫人邓颖超视察大连港。1953年2月，周恩来再次视察大连港。

1973年，周恩来总理发出"三年改变港口面貌"的指示。同年5月，大连港建港办公室成立，组织大规模的港口基本建设和技术改造。大连港本年度货物吞吐量首次突破2000万吨，达2154万吨。

1988年，中共中央宣传部、国家经委、中华全国总工会授予大连港全国思想政治工作优秀企业称号。大连至西北欧全集装箱直达班轮航线开通。大连港和尚岛（大连湾）码头通过国家验收交付使用，1989年1月1日正式投产，设计年通过能力540万吨。至此，大连湾港区形成。

大连港标志——南灯塔

近百年来，凡是乘船从外地来大连的旅客，当视野里出现一红一白两座灯塔时，就意味着大连到了。其中红灯塔称"南灯塔"，始建于1912年2月，是大连港口的标志性建筑。

红、白两座灯塔

1897年,沙皇俄国侵占大连,1899年始建大连港。1905年日本占领大连港,1945年被苏军接管。中华人民共和国成立后,于1951年1月1日正式收回大连港,对港口进行了改造和扩建。所以,在大连港可以看到沙俄、日式风格混杂的建筑。大连的"根"也就在大连港上。

　　在大连港东部地区,曾经是大连标志的红白两座灯塔异常醒目,如同一幅浪漫古典的图画。据介绍,船只从公海驶向通入大连的航道时,这两座灯塔将起到指引的作用。红色灯塔正式的名字叫"南灯塔",从1908年开始修建,建成于1912年2月,几经改造后,现灯高11.3米,射程为6海里,是大连港口的标志性建筑。在许多老大连人的记忆里,这座灯塔就是大连的标志。其脚下的防波大堤,与两座灯塔同时建设,也有近百年的历史了,一直发挥着重要的作用。不仅如此,这些历时百年依然发挥作用的设施,如今又成为大连港口工业游的一部分,以其独有的风情征服了天南海北游客的心。

百年灯塔——老铁山灯塔

　　在辽东半岛的最南端有一处自然与人文完美结合的景观,那就是闻名天下的塔观双海,它是2000年大连市新八景之一,即百年灯塔——老铁山灯塔和黄渤两海。

　　老铁山位于辽东半岛的尖端,系天山山脉的余脉,它与山东半岛隔海相望,其间的老铁山水道是我国最凶险、最湍急的水道。老铁山灯塔就建在老铁山角上,海拔86.7米,是清廷海关当局于1893年请英国人主持建立,灯塔机构部件由法国人制造,虽历经了1894年中日甲午海战和1904年日俄战争,仍保存完好,至今仍为过往船只导航。在老铁山灯塔下方,是险峻陡峭的悬崖峭壁,它与山东蓬莱的理论对角线即为黄、渤两海分界线。黄、渤两海的浪潮,由海角两边涌来,交汇在这里,由于海底地沟运动和两海各自不同水色(黄海海水较蓝、渤海海水略黄)的作用,形成一道"泾渭分明"的水流,即黄渤海分界线。

　　"老铁山头入海深,黄海渤海自此分;西去急流如云海,南来薄雾应风生。"这首诗形象地描绘出了它的壮观景象。老铁山灯塔于1998年被国际航标协会列为世界100座著名航标灯塔之一,是世界著名的文物级百年灯塔。

老铁山灯塔

据说,当年玉皇大帝分封渤海、黄海、东海、南海四龙王海疆领域时,东海、南海两位龙王一直相安无事,而且互嫁龙女,成为儿女亲家。唯有渤海龙王和黄海龙王,两人都是气量狭小、斤斤计较的势利眼。双方巡海夜叉龙兵蟹将经常为海界之争大打出手,纠纷不断,又都不服对方,因为此事常常闹到玉皇大帝那里,玉皇大帝让他们搅得大伤脑筋,无奈,他只好派太白金星到黄渤两海上空去巡视。太白金星来到现在的老铁山前海,见此处地势险峻,而水色略有不同,又见巡海的两海夜叉龙兵在此地带气势汹汹地争斗,遂向玉皇禀报了实情,玉皇大帝立刻召见黄渤两海龙王,问他们可否同意在老铁山前洋划分永久界限。两位龙王起初相互无言,转念又想,长此争吵下去,也不是个事,这样由玉皇大帝出面钦定,也算是讨了个说法,何不顺水推舟,就此罢休得了。于是跪拜谢道"但凭玉皇恩准"。玉皇大帝当即命令太白金星手持令箭一支投向老铁山前洋,只见轰隆一声巨响,溅起万丈波涛,海底突然生出一道深深的沟堑,而与此同时,渤海变得略黄,黄海反倒湛蓝起来。这样一来,渤海龙王略有不快,太白金星又道:"渤海龙王休要少见多怪,你领海的颜色变黄是因为从黄土高原带来的沃土养料充足,对海里的龙子龙孙与鱼虾繁衍大有益处，没事你偷着乐吧。"渤海龙王一听也高兴起来。从此，这一带就成为黄渤海的自然分界线，而渤海的海鲜水产也由于海洋中浮游生物丰富，所以鲜美无比。然而，传说毕竟是传说而已，黄渤海自然分界线景观的形成，为黄渤海自然分界线景观增添了文学色彩。

大连开埠的"达里尼市政厅"

大连是"达里尼"的音译，"达里尼"俄文原意是"远方"，为了占领和统治这个远方的殖民地，沙俄侵略者采用的是与这个优美的名字不相称的暴力和野蛮手段。而这座建筑，就是侵略者的统治机构——达里尼市政厅的官邸。

达里尼市政厅官邸（1904年）

这座诞生于18世纪末的建筑是典型的俄罗斯风格，由于它的特殊作用又格外带有一种高不可攀的威严气质。处处平直的线条和转角使它显得那样高贵和骄傲，即使掺杂在其中的圆弧式窗沿也没能减轻这种压迫之感。现在重新粉刷后的建筑仍然采用红白两色的强烈对比，提醒人们它曾是沙俄统治机构的官邸、日本伯爵的豪宅。

不过别被它外表的高傲吓住了脚步，解放后这座建筑早已撕下了强加给它的冷漠面具，成为了为普通人服务的普通楼房。现在，这里是大连船舶技术学校所在地，忘记它貌似拒人于千里之外的表面，走进它敞开的大门，你会感受到它内心其实洋溢着充盈的热情和生机。

达里尼市政厅宫邸旧址

它坐落在西岗区团结街1号,建于1900年。建筑面积2500平方米。我们对比两张照片:从两张照片上看,它的建筑外形有了一点改变。100年前,它曾经是傲慢而凛严的,窗户紧闭,庭院深锁,墙皮斑驳,森冷得难以接近。当它的主人一个个相继逃离,它就突然地被打开了。于是人来人往,进进出出,这里一下子变得喧闹起来,拥挤起来,鲜艳起来。历史好像在这里安了一个按钮,让冬天静止,让春天涌现。沙俄统治时期,它是沙俄"达里尼"市政厅官邸。日本统治时期,它是日本南满洲铁道株式会社首任总裁、兼关东都督府顾问后藤新平伯爵官邸。1954年,这里改为中苏造船公司技工学校,培养中级造船技术工人。后来改称大连造船厂技工学校、大连船舶技术学校。

大连港客运站

作为中国曾经最大的海上客运站——大连港客运站,也同它的母体——大连港一样,历经了沙俄、日本、苏联和我国自主建设与管理的四个发展阶段。从1902年至今,在一百多年的发展变迁中,大连港客运站发生了翻天覆地的变化。年客运量从1902年的54134人次,增长到1999年的客运量最高峰6561369人次,增长了120多倍。这得益于我国自行管理港口后,对日本占领时期建设的老客运站进行的两次大规模的改扩建,扩大了使用面积,增加了服务功能;也得益于改革开放后我国整体经济的快速发展,人员和物资交流的全面开通和人民生活水平的全面提高。

早期的客运现场

大连港的客运业务始于1902年,当时仅在甲码头后方码头事务所建设了小规模木制结构的客运站。当年到港旅客54134人次,这也是大连港历史上第一份年度统计资料。

1910年4月1日,以大连港为中心的"日满"水陆客货联运线正式开通,水运线路自日本某铁路车站经日本某港口,然后经由大连港到中国东北某铁路车站。1911年3月1日,"日满"水陆客货联运线进一步扩大为"日满俄"水陆客货联运,即由东北铁路一直延伸至俄境。1913年6月1日再扩大为"欧亚"水陆客货联运。满铁经营大连港后,于1908年8月10日开通了大连——上海的第一条客货定期航线。后相继开通大连至烟台、青岛、威海、龙口等定期班轮航线,以及大阪、神户、台湾、香港等客货班轮航线。大连港客运量1908年不足20万人次,1927年增长到85万人次,1941年客运量达到1729262人次。

日本统治时期,随着过往旅客逐年增加,原有的客运站不能满足需要,1922年7月26日,满铁当局动工兴建大连港客运站(时称船客待合所,也称埠头待合所)。1924年10月27日,随着外观具有"门户"特征的

"船客待合所"建成投入使用,标志着大连的海上客运站已基本形成,同时也使大连港的客运史翻开了新的一页。这个客运站站址选在二码头背后地,占地5031平方米,两层建筑,下层为仓库,上层为候船厅,面积3768平方米,可容旅客千余人。候船厅南面建有长122米的天桥走廊,是旅客进出候船厅的通道,东面筑有宽5米多的平台,在平台和码头崖壁之间设置可移动跨桥,供旅客上下船。候船厅内可办理船票、电报、货币兑换等业务,设有陈列室、阅览室、游艺室和茶馆、饭店、商店等。

1924年的大连港

新中国成立后,国民经济的基础相当薄弱,一切百废待兴,从1951年至1960年大连港的客运量始终处于缓慢的增长状态。而1961年,由于连年自然灾害,粮食供应不足,大量市民乘船回原籍山东谋食,导致客运量激增,这是新中国成立后大连港的年度客运量首次突破一百万大关,达130万人次,比上年的84万人次激增55%。1962年更是猛增到183万人次,而1963年的客运量又重新回落到91万人次,这是大连港客运史上应该书写的一笔。

1980年12月26日,历时5年多,投资840万元,建筑面积16619平方米的新建的大连港客运站工程全面竣工并通过验收。设计能力每次可接纳1艘国际客船,旅客300－500人次。新客运站设施齐全,具有多样服务功能,为开通国际客运航线做好了准备,改善了国内旅客乘降船条件。

大连港候船厅外景

1991年12月进行新客运站售票厅扩建,使其面积进一步扩大,可容纳2000名旅客购票。1997年在售票厅装备了微机售票系统,还增设了外宾候船厅、军人候船厅和母婴候船厅。

一百多年来,大连港客运站从无到有,从落后到繁华,经历了几代码头工人的共同奋斗与拼搏。今天,大连港客运站已成为全国水上运输系统大型的五星级客运站。拥有4220平方米和890平方米的国内候船厅各1处,1800平方米的售票厅1处,3700平方米的国际候船厅1处,大港区有专用客运泊位12个,其中可靠大型滚装客轮的码头泊位7个;各有5000平方米的港内停车场。已开通了大连——韩国仁川的国际航线;大连——烟台、威海、天津、长海县4条国内航线和大连——烟台、蓬莱2条车船联运航线;每天进出港30余航班,旅客进出港最高可达2万人次,滚装车辆进出港最高可达1000辆。明亮的候船大厅、秩序井然的售票环境、全国联网的便捷售票、设施先进的专用码头、开阔的停车场和齐全的服务设施,都使旅客和车主感受到舒适和方便。大连港客运站已经发展成为从事客货运、车辆滚装运输为主业的多功能国际化客运站。

秦皇岛港

秦皇岛港是一座拥有百年历史的大港,是中国第一个,也是唯一一个由政府自开的口岸。它地处渤海之滨,扼东北、华北之咽喉,是我国北方著名的天然不冻港。它占据着城市主城区绝大部分的海岸线,拥有陆域面积11.3平方公里,水域面积226.9平方公里。这里海岸曲折、港阔水深,风平浪静,泥沙淤积很少,万吨货轮可自由出入。

秦皇岛港口

秦皇岛港位于渤海辽东湾西侧,河北省滨海平原的东北侧,靠近万里长城的东端,地处山海关内外要冲,属秦皇岛市辖境。港口对外交通发达,集疏运条件优越。铁路有沈山、津山、京哈和大秦4条铁路干线直达港口。公路通过城市集疏港道路与102、205国道相联,可直达北京、天津、沈阳等地。航空方面目前已开辟有到北京、广州等地的多条航线,每月有定期航班。铁(岭)—秦(皇岛)输油管线直通港口。海上运输可到达中国沿海各港及长江中下游港口,并开通了至山东龙口的海上客运航线。秦皇岛港目前与世界上80多个国家和地区的港口通航,先后开通了至香港、日本、韩国等4条国际集装箱班轮航线。

今日的大小码头

秦皇岛港分东、西两个港区。东部港区主要为原油、成品油码头、煤一、二期码头，大型现代化煤炭运输码头——煤三期、煤四期码头、煤五期码头。西部港区主要为港口杂货、集装箱码头及港口配属设施——煤炭装卸设施、集装箱运输设施、油品液化运输设施及杂货运输设施。全港目前拥有全国最大的自动化煤炭装卸码头和设备较为先进的原油、杂货与集装箱码头，共有泊位58个，其中生产性泊位37个。

秦皇岛港是我国北方对外贸易主要港口之一。出口物资以煤炭、原油为主，此外还有散粮、矿石、钢铁、化肥、木材、水泥、玻璃、大型成套设备、化工原料及化工产品、杂货、药材、农副产品和手工艺品等等。进口物资有：小麦、金属矿石、钢材、化肥、杂货等等。近年来进出口物资主要有：原油、柴油、汽油、磷酸、航空煤油、石脑油、重油、船舶燃料油、奥里油、二氯乙烷、甲醇、散粮、矿石、木材、钢铁、化肥、水泥、玻璃、饲料、大型成套设备等等。

悠久的港口历史

秦皇岛港是个老港，历史悠久。秦皇岛名称的由来，历史上却是说法不一。民间有各种各样的传说。一种说法是：在公元前224年，秦始皇统一中国之后,晚年总想长生不老。因此,听信方士卢生谎言,上大海仙岛求仙采药。亲自带领人马,挑选三千童男童女,从咸阳出发,来到这里。传下旨意,派方士卢生带领人马出海寻仙求药。因秦始皇到过这里,秦皇岛因此而得名。另一种说法是:据《抚宁县志》记载,秦皇应为秦王,唐太宗李世民当皇帝之前为秦王,李世民东征时,曾驻跸于此,从其藩邸之称也。到底哪个说法属实,其实都是传说,不足为凭,只作为历史之趣谈,增加一点情趣罢了。

秦皇岛港真正建港时间并不长,也就只有上百年的历史。据史书记载,100多年前,这里还是一个小小渔村。清朝同治之前,这里还是荒凉一片,没有人烟。当时只有两三间栈房以供临时使用。但作为一个天然渡口,它可就有较长的历史了。相传,2000多年前的秦汉时期,北戴河一带就有舟楫聚泊。汉武帝刘彻和楼船将军杨仆还在这里修过望海台。明朝曾在这里设过金山卫,并派有水师驻守。

1897年12月,开平矿务局"北平"号轮船烟台至秦皇岛航线首航成功

公元1870年之后,这个渡口就引起西方帝国主义者的注意,法国人最先派人到这里进行窥测。1891年,开始有客货轮船往返于秦皇岛与烟台之间,但当时尚无码头,只是用舢板在水塔附近上岸。1893年,京奉铁路建成后,京、津、沪三地的外国资本家就纷纷到这里来抢占地盘,建别墅,办工厂,掠夺我国财富,把秦皇岛变成他们变相的租界。1898年,即清光绪二十四年,清政府就在此开辟商埠。1899年,英帝国主义为了掠夺我国煤炭资

源,开始在水塔附近建造了一个木质码头。1900年,我国义和团因愤恨帝国主义侵略和掠夺,将这座木质码头放火烧毁。同年10月,英帝国主义还是从掠夺我国资源需要出发,再次修复了这座木质码头。1901－1903年,建起了防波堤。1902年建成了第3号、第4号、第5号码头,并于1903年底开始对外开放使用,并把它作为开滦煤炭的出口港口。

1904年秦皇岛建成大码头,可是当时由于航道狭窄,水位极浅,只能靠泊极小船只。到1906－1907年,第6号码头建成。1914年建成第7号码头。到1948年11月秦皇岛解放,秦皇岛港只剩下2座码头,7个简陋的泊位,5座破烂不堪的仓库,且没有任何机械设备,装卸全靠人抬肩扛。整个港口也只是作为煤炭输出之地,年吞吐量还不足100万吨。

1915年以前的秦皇岛港码头

秦皇岛港解放后,经过整治与修复,港口才发生了较大的变化。1951－1952年改造了第6号、第7号码头;1959－1961年,新建了第8号、第9号码头;1973年又建造了一个现代化原油码头。这个原油码头由一条长700米的引桥、400米的栈桥和一条270米长的油码头构成。全长达1.5千米,与陆上的阀室、油库、锅炉、污水处理等设施组成一个完整的原油出口装运作业区。大庆油田的原油通过1500多公里的管道被输送到秦皇岛,再由秦皇岛转运到祖国各地和世界其他国家。

秦皇岛港担负着我国北煤南运的重任,是以能源输出为主的综合性港口。为了适应国民经济日益发展,煤炭需求量日益增加的需要,为了保证华东、东南各省工业和生活用煤的需要,以及解决山西、内蒙古、河北开滦等地煤炭的外运任务,1978—1983年,秦皇岛港建成第一期煤炭码头,自动化程度较高,年吞吐量为1000万吨。1980—1984年,又建成了第二期煤炭码头,包括两个万吨级泊位和配套装卸机械设施,年吞吐量为2000万吨。到20世纪80年代中期,秦皇岛港区共拥有3个装卸作业区,即油港区、煤港区和杂货区。建有码头5座,泊位17个,其中深水泊位9个。港口吞吐能力发展情况为:1980年有2641万吨,1985年上升到4419万吨,1990年又增至6945万吨,年年稳步上扬、增幅不小。到1995年底,秦皇岛港拥有陆域面积8.56平方公里,水域面积1152平方公里。拥有码头泊位38个,其中万吨级以上深水泊位32个。有4条国家铁路干线直通港口,还有直通码头前沿的地下输油管线。港区拥有各类装卸机械400多台,港区铁路线共146公里,还拥有各类作业船只10多艘。1995年,秦皇岛港完成货物吞吐量达8382万吨,其中煤炭量为6488万吨,石油1208万吨,杂货为685.5万吨。"八五"期间,新建煤码头四期工程完成。同一时期,秦皇岛港与日本的苫小牧港、澳大利亚的纽卡斯尔港、比利时的根特港结为友好港口。

秦皇岛的开埠机缘

选择商埠,必审其地为水陆要冲,又有泊船避风之澳,有险要可以扼守,有平地可以建屋。于是招致商民,创辟市廛,最终才能达到商业繁荣,民生富庶之目的,故开辟商埠,发展贸易,必然以丰富的自然资源为依托。秦皇岛位于河北省东北部,北依燕山,南濒渤海,东与辽宁省接壤,西与唐山、承德相邻,处在沟通关内外的重要枢纽位置,万里长城犹如一座天然屏障横亘全境,使其在军事上的重要性更加突显。

秦皇岛地区属温带季风气候,冬无严寒、夏无酷暑,为各种动植物的生长、繁殖提供了优越的条件,因此有优越的资源环境,是林果、杂粮和渔业产区,动植物、矿产资源都极为丰富。据不完全统计,秦皇岛地区的植物资源约有1300多种,其中林果资源达190多种,大宗品种有90余种;动物、水产资源亦在国内享有盛名,已探明的金属、非金属矿产资源亦多达40余种。

秦皇岛可以吸引和辐射的腹地范围极有潜力,为港口的发展提供了长兴不衰的物质前提。秦皇岛港是华北、东北两大区域的咽喉要道和北京的门户,其腹地除北京、天津外,以华北、东北两个经济区为主要腹地,这两个区域物产丰富,工农业发达,是港口发展最好的支撑。东北地区土地肥沃,盛产大豆、高粱等农产品,是中国北方主要的粮食产区;冀东地区也是河北省富饶的农副产品产区,花生、药材、各种皮毛年产量皆颇丰盛,不仅运往全国各地,还销往海外。

秦皇岛作为北方最大的进出口贸易口岸——天津的辅助港,完善了北方通商口岸的体系。天津开埠通商后,很快就发现一个问题,每年冬季封冻期皆在3个月以上,届时中外和南北往来的轮船断行,对于迅速发展的内外贸易、中外和南北方的通信联系等极为不便,尤其是遇到战争和市场突变等,海运阻断对外交政策、市场等影响极大,需要开辟新的对外联系通道。仅以邮政为例,秦皇岛显示出其不可替代性。

外国人进入中国以后,强行设立了邮局,称为"客邮"。1878年,赫德在北洋大臣李鸿章支持下,委派天津海关税务司德国人德璀琳以天津为中心,在北京、天津、营口、烟台、上海五地试办近代邮政。同年3月23日起开始收寄华洋公众邮件,随后开始发行中国最早的大龙邮票。1880年1月11日正式公布《海关拨驷达局告白》,规定了各路邮运班期和各种邮件资费。到1884年,凡设有海关的地方基本上都开办了海关邮政。当时,南北铁路尚未贯通,由北京通往各地,特别是通往上海的邮政多由天津取海道而行,但河道深浅不定,每年通航期甚短,如遇风雨阻隔,常有延误,海河每年冬季封冻期,致使京师与南方各省及外洋文报无法通行。自1897年经总税务司赫德议行邮政,邮局的工作往往使其"不知如何是好",因向来隆冬封河后,商轮停驶,各省及外洋文报不通,禀经总署咨行北洋大臣王文韶转饬开平局设法维持。秦皇岛隆冬不冻,正好弥补这一缺陷,开辟以后便可代替天津进行冬季海上邮政。而秦皇岛开埠后,作为天津的一个辅助港口,在冬季承担着中外、南北海上邮政的全部业务。德璀琳在光绪二十七年(1901年)三月十九日杂论中更证实了这一点:"秦王岛冬日每礼拜发落信件一次,已历四年,从无舛错。不知者以为,该岛凡正、二月冰冻时,不能将船驶近码头,即四年之效无见信者,而本年之效,实显该处泊船较北戴河为尤好也。"

通过开平煤矿,秦皇岛成为北方以煤炭输出为主的专业港。秦皇岛港口最初是被作为开平煤矿的专用码头的,故秦皇岛港的开辟一定程度上是为了开拓开平运煤渠道而设。"煤矿之利全在运道之便捷,脚价之便宜,销场之畅旺",在开辟运输渠道的同时,开平矿务局在全国重要的通商口岸和沿海城市设立码头、货栈,广建销售网。自1878年建矿后,已相继在天津、塘沽、广州等地购置地亩,修建码头。但是,在冬季,"北直隶和辽东海湾各通商港口,由于无法清除其进口处的冰块,海上运输均不通行"。开平煤主要通过天津港运出,开平煤矿在塘沽也有40英亩(16公顷左右)土地,设有货栈、码头,但该港"一年有3个月封冰,吃水12英尺(3.6米左右)以上的船只又因受到一个沙洲的阻碍而不能入港",因此,"冬季三个月外场全部堆满从矿上运进的存货,到春季开河煤场大院都存满了"。为增强开平煤在市场上的竞争力,1894年关外铁路建成后,开平煤矿便着手在北方寻找一处深水不冻港以解决冬季运煤问题,这就为秦皇岛的发展提供了历史的契机,从鼓吹开埠到筹建海港和码头,开平煤矿着力颇多；确实秦皇岛开埠以后，两者都得到迅速的发展。最初秦皇岛只是作为开平煤矿的专用码头，开平对该港口实行"垄断独家营业"，年吞吐量约四五万吨，直到1904年，才开放了其他公司单位的船只通航。

秦皇岛历史上最早的佛寺

水岩寺是秦皇岛最早的佛寺，又名宝峰寺。水岩寺是辽代以后兴建的，有些旅游书中也有把水岩寺当做是辽代保宁元年（969年）修建的。水岩寺的实际始建年代可追溯到唐代以前的隋代和南北朝时期。因在水岩寺中的断碑上有"唐贞观元年重修"的字样。在唐代以前，隋代（581－682年）离唐贞观元年（627年）水岩寺重建的时间太短。再追溯到南北朝（420－589年）这段时间里，历史上有北魏文成帝拓拔濬于太安四年（458年）春游碣石山，大宴群臣，改碣石山为乐游山的记载。并在碣石山文成帝游宴处留下了以卵石敲击出响的石鼓。文成帝一行是跟随当时游历至北魏首都平城（今山西大同）的水岩寺先沉大师来到的碣石山，并驻跸于水岩寺，宴席就设在水岩寺后面的山林中。如今到碣石山景区游览时，可看到当时游宴处留下的石鼓。这样，水岩寺的始建年代应在文成帝春游碣石山之前。

水岩寺

北魏从立国之初,帝王就崇奉佛教。开国皇帝道武帝拓拔珪即位后,僧人法果称道武帝为当世如来,道武帝即下旨在京城建佛寺修佛塔。道武帝之子明元帝拓拔嗣继位后,不仅在京城四方广建佛寺佛塔,还以佛教信仰作为统治教化手段。拓跋嗣多次下诏,封法果为辅国宜城子、忠信侯、安成公等爵号,法果八十多岁死后,还追赠法果为老寿将军、赵胡灵公等号。这是中国历史上由皇帝加封僧人爵号的开始。

公元424年,北魏太武帝拓跋焘继位,开始用兵平定柔然的进犯,历经15年至439年,北逐柔然,连灭西夏、北燕、北凉三国。当时(409—431年)秦皇岛地区属北燕幽州辽西郡管辖,于431年被北魏收服。佛教的教化是由此开始传入秦皇岛地区的,碣石山下的水岩寺,就可能是在北燕被北魏收服的初期(431—438年)始建的。由于北魏征服了北燕后,又西征北凉,而佛教的发展使僧人免去兵役徭役和缴纳租税,影响了拓跋焘征占的兵源和财力,朝中一直鼓足干劲,拓跋焘用兵征战的司徒崔浩崇信道教,常在拓跋焘面前诋毁佛教。因此,拓跋焘于太延四年(438年)诏令50岁以下的僧人还俗,以充实兵役,当北魏统一了北方各国后,于公元440年,道教天师寇谦之向太武帝奏道:"今陛下乃真君御世,自古以来,未之有也;应登,以彰圣德。"拓跋焘从其奏,改元"太平真君",并建造道坛;次年,亲登道坛受符书,以彰圣德。太平真君五年(444年)正月,拓跋焘下诏:自王公以下至庶人,得在家私养沙门(僧人),限期不出者,死罪不赦。次年,拓跋焘在司徒崔浩的建议下,下令诛杀僧人,焚毁佛像。北魏此次灭佛绝法,是佛教传入中国后第一次遭受灭顶之灾的打击。

至452年拓跋焘被杀,文成帝拓跋濬即位,下诏复兴佛法,命各州郡县广造佛寺,允许百姓出家。此后,僧人又起,遍及北方各地,寺塔亦很快得到恢复,到501年,北魏的佛寺达1.3万所,至北魏末期(534年)境内有佛寺3万余所,僧尼达200万人。从文成帝即位,到文成帝春游碣石山之前这段时间(452—457年),水岩寺如果已在431—438年间建成,则在那时进行了修缮;如果没有兴建,那就在这段时间兴建了。综上历史可推断水岩寺的始建年代,最早应在431—438年,最晚应在452—457

年。是北魏太武帝灭佛的前后，文成帝春游碣石山之前。

　　水岩寺的历史至今已上千年了，历代都有修缮。新中国成立后，水岩寺被列为重点文物保护单位，在1955年进行了修缮，一直保存完好，但在1976年唐山大地震时受到毁坏。1995年，水岩寺复建竣工，中国佛教协会会长赵朴初为水岩寺题写了匾额。2002年，中国佛协副会长、河北佛协会长净慧法师到水岩寺，多次主持法事活动。现水岩寺由河北省佛协管理，成为京东地区最有影响力的佛教活动场所。

北煤南运的主枢纽

　　秦皇岛港是世界最大的煤炭输出港，是我国重点建设的能源输出港，是北煤南运最重要的港口。所以它必须适应现代港的发展要求，努力发展现代物流。现代港口作为全球综合运输网络的枢纽，是现代物流的重要节点，并推动现代物流的发展。

　　19世纪中叶，轮船燃料消费的低效率意味着轮船装运的大部分容积必须用于装载燃料煤，用煤的体积减少则可用于搬运更多的货物。可见，煤的品质是非常重要的。开滦煤炭是品质优良的烟煤，开平的第一任经理预期开平煤矿的煤能够在沿海市场上与外煤成功地进行竞争，而且可供应中国轮船招商局的轮船以燃料煤。秦皇岛原本本身并不是一个重要的港口，但它作为开滦煤的出口港，每年出售的轮船用煤大约20万吨左右。可见，秦皇岛港为轮船便利海运提供了重要的燃料，也吸引了更多的轮船到港加煤。

秦皇岛港历年输出船用开滦煤吨数表

年份	船用煤（吨）	年份	船用煤（吨）
1908	28005	1914	115226
1909	43574	1915	104184
1910	43674	1916	112735
1911	37726	1917	123833
1912	44623	1918	122459
1913	71035	1919	144826

1898年开港，开港不久即成为开滦煤矿的主要出海口。从1904年开始，秦皇岛港放弃其限制外来轮船运输的保守政策，逐渐对其开放。这样，除开滦自备或租船外运销售煤炭以外，还有到港船只添煤、载客、载运邮件、运输货物等，如定期往返于秦皇岛港口的"中国海运公司"、日本的"大阪海运公司"、"汉堡美洲船队"等公司的船只不断增加，这无疑是秦皇岛日益繁荣的表现。这一时期，秦皇岛港对外贸易呈现较快增长的态势，从进出港船只的数量和吨位上可见一斑。

往来于秦皇岛港之外洋和国内船只、吨数表

年份	船只	吨数	年份	船只	吨数	年份	船只	吨数
1903	386	351300	1915	892	1341745	1927	1502	2922455
1905	434	467926	1917	1217	1553678	1929	1564	3185157
1907	407	536810	1919	2171	2086924	1931	1477	3335066
1909	457	700914	1921	1692	2365020	1933	1152	2542159
1911	448	608189	1923	1445	2651654			

1960年8月，秦皇岛港自己建设的8、9号码头竣工投产，这是港口解放后建设的第一座煤炭码头。1983年7月，与京秦铁路相配套的秦皇岛港煤码头一期工程建成投产，形成了晋煤外运、北煤南运的一条水上

大通道。1985年,建成了年吞吐量为2000万吨的煤二期码头。1989年,又建成了年吞吐量为3000万吨的煤三期码头,使秦港一举成为世界最大的煤炭中转码头,1997年,年吞吐量3000万吨的煤四期码头建成投产。与此同时,国家先后投资60多亿元,建成了秦皇岛至"煤都"大同的运煤铁路专线。这样,就形成了以秦皇岛港为枢纽和龙头的、我国北煤南运的系统工程。2006年4月,设计能力达5000万吨的煤五期工程顺利投产,该码头工艺流程先进、自动化程度高,堪称世界一流。

港口杂货筒仓、库场

秦皇岛港是我国乃至世界上最大的煤炭中转港口,根据国家能源政策、产业政策和能源运输布局,秦皇岛港被确定为国家级煤炭主枢纽港,是"三西"煤炭基地的重要出海口岸。年煤炭吞吐量占全国沿海港口下水煤炭总量的46%。曾被李鹏同志称为"国民经济的一颗重要棋子",也被温家宝总理称为"国家经济的晴雨表"。改革开放以来,秦皇岛港不断发展壮大,吞吐量逐年攀升。2001年,该港煤炭吞吐量首次突破1亿吨,经过几年努力,于2006年,煤炭吞吐量突破2亿吨,2009年完成煤炭吞吐量2.06亿吨。预计秦皇岛港在未来很长的时间内,煤炭运输主枢纽港地位不会动摇,在西煤东调和北煤南运两项工程中将发挥更为重要的作用。秦皇岛港长期的运煤历程使其积累了丰富的企业管理和煤炭运输经验,培养了大批技术人才和业务骨干,这些都为其在市场竞争中占据主动地位奠定了坚实的基础。

相对于海上承运人而言,全天候的通航和作业条件,加之秦皇岛港的高效率,提高了船舶营运的经济性。两条主航道处于免维护状态,作业基本不受自然气候的影响。秦皇岛港还具有无可比拟的煤炭集港优势,大秦线是我国煤炭的主产区——大同直达秦皇岛港的煤炭铁路运输专用通道,万吨和2万吨煤炭专用重载单元列车在此区间往复运行。秦皇岛港与大秦铁路的同步扩能,将使这一优势得到更充分的体现。

秦港与上下游企业联系的加强,提高了其市场竞争能力。如:珠海10万吨级煤炭码头建成后,将成为珠三角地区的煤炭中转、仓储和配发中心,每年通过大船从北方港口和国外将1000多万吨的煤炭运抵珠海,再由小船或铁路运往珠三角各个地方,成为珠三角重要的"工业粮仓"。这个项目建设对缓解华南煤炭供需紧张矛盾,扩大河北集团发展空间有着重大的意义。

轮船在秦皇岛港煤炭码头装货

大秦线运能的提高,市场份额的稳定,使秦皇岛港在我国动力煤市场中处于举足轻重的地位,被业内人士称为"煤炭市场的晴雨表"和"煤炭价格的风向标",其煤炭运输主枢纽地位短期内难以撼动。而正在建设中的由山西与河南、山东、铁道部共同出资建设的"大秦二线"是炼焦煤的大通道,即:由山西南部的炼焦煤生产基地吕梁所在的河东煤田,经河南至山东日照港出海的铁路。该铁路全长1200公里,铁路部分投资约700亿元,配套港口投资约300亿。"大秦二线"、日照港大通道与大秦线、秦皇岛港大通道基本不发生冲突，这是因为秦皇岛港主打"动力煤"运输，而"大秦二线"和日照港将成为炼焦煤的下水通道。还有一条通道值得重视，准备建设的内蒙古东部到葫芦岛、锦州、营口等港口的新运煤通道将成为褐煤的下水通道，配套的运煤铁路与辽宁装船港口运输能力都将达到 2 亿吨，但由于褐煤发热量低，大多数电厂只能配煤使用，因此，发展前景难以预料，对秦皇岛港的竞争压力并不大。北方其他港口天津、黄骅两港，多年来煤炭吞吐量维持在 8000 万吨左右。其中，天津港受铁路运输瓶颈的制约，造成煤炭集港困难，货源调进不足，且近期并无大型煤码头上马计划，而黄骅港却是受制于回淤影响，进港航道吃水浅，虽有码头扩容计划，但吞吐量大量增加的可能很小，发展潜力不大。两港均难以对河北港口集团（秦皇岛港）构成实质性的威胁。

秦皇岛港在未来很长时间内在煤炭运输中仍能掌握主动，北煤南运主枢纽港地位难以撼动，该港在确保国家能源运输安全和促进国民经济可持续发展中将会发挥更为重要的作用。煤炭始终是秦皇岛港的主导货种，秦皇岛港在我国北方主要煤炭作业港口中继续保持绝对优势。

我国能源的资源特点是富煤、贫油、少气。我国虽有丰富的煤炭资源，但绝大部分分布在西北、华北和华中地区。其中，满足当地消费后能够大量外运的资源，又主要集中在山西、陕西和内蒙地区，而东南沿海等经济发达地区则少煤或无煤，资源与市场的区域分布不对称性，就决定了北煤南运的煤炭运输格局，即将山西、陕西和内蒙等地的煤炭产品，经过铁路和海运，运抵东南沿海地区。这些都决定了秦皇岛港的重要地位。

秦皇岛港除了是北煤南运的主枢纽港之外，也是煤炭出口的最大中转港，其出口煤炭已经成为世界煤炭市场，特别是东南亚煤炭市场供给的重要组成部分。

所以说，秦皇岛港现在和未来较长时期内，都将是北煤南运的主枢纽港；另一方面，在未来较长时期内，秦皇岛港将继续发挥外贸煤炭出口主通道的作用。

天津港

天津港是中国最大的人工海港,是我国对外贸易的重要口岸。它处于京津城市带和环渤海经济圈的交汇点上,是我国北方重要的对外贸易口岸,是连接东北亚与中西亚的纽带。

天津港位于华北平原东北部,北屏燕山,东临渤海。它是北运河、大清河、子牙河、永定河、南运河、海河五大支流汇合处,位于渤海湾中部,环渤海经济圈的中心,是我国北方第一大综合性港口,是华北历史悠久的重要贸易港口,华北的水陆交通枢纽,国际集装箱运输的中转港,可承办满洲里、二连浩特及阿拉山口 3 条欧亚大陆桥过境联运业务,是欧亚大陆桥理想的起点港口,也是我国华北、西北以及东北地区重要物资集散地,是我国最大的焦炭出口港、最大的稀土金属出口港,也是当年孙中山先生在其《建国方略》中拟兴建的"北方大港"之一。它东北与旅顺、大连和山东的烟台遥相呼应,北与营口、秦皇岛相接,西近首都北京,号称京都海上门户。

天津港是中国北方最大的综合性港口,现有水陆域面积 326 平方公里,陆域面积 121 平方公里。主要由北疆港区、南疆港区、东疆港区、临港经济区南部区域、南港港区东部区域等组成。北疆港区以集装箱运输为主,兼顾钢铁、粮食、商品汽车等货类运输;南疆港区以煤炭、铁矿石、石油及制品等大宗散货运输为主;东疆港区以集装箱为主,兼顾客运;临港经济区南部区域近期服务于装备制造业等临港工业发展,以杂货运输为主;南港港区东部区域将建设成为为南港工业区提供港口配套的天津港南部主力港区,近期以散货运输为主。

悠久的港口历史

天津港是华北的一个老港,历史悠久,据史学家考证,大约在一万年之前,地球上一块巨大冰川化为滔滔江水,奔腾入海,海面水位迅速上升,到了公元前 6000 年,海浸达到最大范围,我国东部大陆架完全没入苍茫的大海之中。公元前 5000 年,天津一带还是一片汪洋大海,直到公元前 3800 年,天津一带才从大海中露出水面,才有了这块地方。大约在公元前48年,渤海又发生过一次大海浸,天津这块地方又被大海吞没。到了隋朝之后,才又露出水面。此后,这里才逐渐有了居民,并以农耕和渔业为生。

公元206年,曹操大军征讨乌桓,开凿平虏渠。这条平虏渠就是南运河的前身。至此,海河水系基本形成,也为天津港的出现奠定了最初的基础。400年之后,隋炀帝开凿永济渠。永济渠的出现为南运河改道三岔河口,进而为形成漕运枢纽创造了条件。1205年,三岔河口地区形成以漕运为主的内河枢纽港口,当时每年转运粮食300万石,天津港河港就此形成。

因为天津地处海河水系北运河、永定河、子牙河、大清河和南运河五条河流入海汇合处,海路宽阔,交通四通八达,成了我国南北水道交通的中枢。金、元两代定都北京之后,所需粮食都从南方通过运河、经天津调运北京,天津就成了当时南北糟粮转运中心,并改名为"津海镇"。到了明代初年,明太祖朱元璋死后,他把皇位传给了他的长孙朱允炆,历史上称为惠帝,又叫建文帝。建文帝登基后不久,朱元璋的第四个儿子,当时驻北京的燕王朱棣不服,要与他的侄子建文帝争皇位,便在北京发动兵变。他带兵从天津出发渡海南下,直取南京。待其夺得皇位之后,为了显赫其功绩,遂将原有的"津海镇"命名为"天津"。其意是:"天津者,天子之渡口也",天津因此得名。

明永乐二年(公元1404年),因在此筑城设卫,又叫"天津卫"。公元1725年,改为"天津州"。公元1731年,又改名为"天津县",并设"天津府"。到了清朝,天津才得到较大的发展。当时天津凭借其优越的天然地理条件,成了糟粮入京之咽喉,北方的一个经济中心。清代之后,虽然海禁开放,但因它是京都门户,所以禁止与外人通商。因此,这一时期天津还没有成为对外贸易的港口城市。

旧时天津

之后,随着时代的进步,经济的日渐发展,商品生产的日益增多,商业的日渐繁荣,至鸦片战争时期,天津逐渐发展成为拥有20多万人口,工商业相对发达的沿海港口城市。到了公元1860年之后,英法帝国主义者强迫满清政府签订了不平等的《北京条约》,从那时起,天津被迫辟为商埠,并开始对外开放。从此,各列强侵略者纷纷而至,抢地盘、建租界、开洋行、办工厂、修铁路,建码头,使天津由封建统治的社会逐渐演变为半封建半殖民地的港口城市。公元1862年,天津设立海关,海关自主权也掌握在外人之手。至此,外国商品则肆无忌惮、源源不断地大量涌入我国,一时间,到处是洋货交易市场。当时,天津的金汤桥畔、北大关一带就是两条"洋货街"。这正说明,当时的天津已经是帝国主义国家对华商品倾销的场所,也是他们大量掠夺我国宝贵资源的重要基地,因而,对外贸易发展较快。自此天津港口的建设也有了一定的发展,并成为我国北方对外贸易的集散中心。当时,天津的对外贸易在全国的外贸总额中仅次于上海、广州,位居全国第三。

清朝海禁开放之后,开通了从闽、粤等地到天津的海上航线,每年有100多万石南方土特产经由海路运至天津。在天津港博览馆古代展厅的入口处，一幅清代江萱的《潞河督运图》，描绘的正是这时候天津水运的繁华。

潞河督运图

在旧中国，天津港由于受海河水位条件的限制，3000吨以下的小船才能进出港口，万吨以上的海轮，只能停泊在离港区近百公里的海面上，靠驳船过驳装卸。1884—1898年间，海河淤塞严重，大大影响了船舶的进出，天津的对外贸易因此受到了极大的影响。后来，入侵的帝国主义者为了扩大他们的掠夺和剥削，在英、法领事及洋商总会的要求下，满清政府筹建天津海河工程局，打算疏浚海河航道。因满清政府腐败无能，航道淤塞问题根本无法治理。1900年，日、俄、德、法等帝国主义国家先后在塘沽修建了码头。1901—1903年间，帝国主义侵略者虽然也曾组成海河工程局，也拟制了修治计划，但因他们各自有所打算，对港口的修浚、整治工程是漠不关心的，所以计划也就完全落空。1937年，日本帝国主义发动了侵华战争，日军为了加紧对我国华北地区资源的控制与掠夺，开始在海河口北岸修建新港。至1940年，日本进出天津港口的船舶将近5000艘，掠夺我国资源重达300多万吨。当时天津港实际上已经成了日本帝国主义者侵华和掠夺我国资源的据点，及其战争物资与军火的转运站。1939—1945年间，日本在天津港建造了4个3000吨级的泊位和1个5000吨级的煤炭码头泊位。

近代天津港

天津商业的摇篮——估衣街

估衣街,这条名字听上去略带古意的大街坐落在繁华的东北角和北大关之间,与北马路平行,全长800米,是天津一条有600余年历史的古老的商业街,这里曾是天津商业的摇篮。最早,估衣街只有估衣铺,因而得名。

今日估衣街一角

清光绪年间,除了估衣铺外,绸缎、棉布、皮货、瓷器各业商店也发展起来。特别是20世纪30年代初期,达到鼎盛时期,这里成为华北地区绸缎、布匹、毛皮、服装、笔墨文具、中药材及日用小商品的集散地。一些老字号如谦祥益、瑞蚨祥、瑞生祥、元隆、老胡开文、老茂生等都集中在这条街上,这里的摊贩遍地皆是,异常繁华。

当时,估衣街还是民俗活动的中心,每逢元宵节这里放灯三天,对此,诗人曾描绘:"估衣街上鱼龙舞……春灯还我少年心。"1986年,经市政府修复,估衣街再现昔日历史风貌。130多家敞开式大小店铺装上宫灯,亮起金字匾额和楹联,挂起幌子和装饰物品。一些著名的老字号,如瑞蚨祥鸿记、庆记和谦祥益保记,其铁花罩棚的特色造型整修一新;达仁堂药店朱漆廊柱,花格门窗;"京都达仁堂"的铜匾,等等,恢复了老店的风姿。估衣街上的建筑,青砖灰瓦,造型简朴,虽有装饰,但繁简得体。街西口立起一座仿古牌坊,街东口新塑有50米长的"二龙戏珠",与这条古街原有建筑浑然一体。

估衣街作为古老的商业街,道路顺畅,路口四通八达。估衣街是一条东西向的街道,街宽不足10米,全长不足800米,但是沿估衣街从西口(北大关)开始至东口(大胡同街):估衣街的北侧有多条路可通达南运河南路,依次有:五彩号胡同、归贾胡同、范店胡同、金店胡同等;估衣街南侧还有多条路可通达北马路,依次有:耳朵眼胡同、万寿宫胡同、邑翠里胡同、沈家胡同、杨家胡同等。

那时候的小马路不叫马路,就叫胡同。这样通达的路口多,既便于商家和买家的交通往来,而且在各个胡同里,还有众多的商铺。这些胡同宽窄不一,宽的也就7、8米,窄的如耳朵眼胡同,最窄处不足1.5米宽,两个人相向通过时几乎要擦肩。闻名中外的耳朵眼炸糕,就坐落在耳朵眼胡同口的北大关一侧。

天津自明初设卫以来,一直是通衢大邑,人杂五方,素称"畿南花月无双地,蓟北繁华第一城"。因而衣食住行,风月繁华,无不竞奢靡丽。天津清代诗人有诗句:"繁华要数估衣街。"估衣街,现仍存在,地处红桥区北门东。为昔日集中出售服装之所,反映了天津服装行业的鼎盛局面。

天津史书上及现存城市布局中,有踪迹可寻的老商业街,要数估衣街。《元史·海运编》里曾提到杨村马头。而清初《天津卫志》中屡屡提到马头渡等地名,马头渡地居现在的北大关桥址。由此可推断元明时天津卫的繁华商业街——马头东街,即现在的侯家后中街、估衣街一线。明代天津巡抚李继贞被天津人崇祀而建有祠堂。据民国《天津县新志》编撰人高凌雯考证,李继贞祠堂在马头东街。而李的祠堂为清代万寿宫,即今北马路北门东小学,该小学前门原在今估衣街上(后移至北马路)。故马头东街为今估衣街可证。换句话说,估衣街就是有600多年历史的马头东街。

今日估衣街

估衣街西口,现在立有一面牌楼,上写"沽上市廛"四个字。沽,是指天津旧有七十二沽(沽者,小水也),所以"沽上"就成为天津的代称。"沽上市廛"就是指天津的商市。两百年前清代文人李慈铭(莼客)来天津,经常到估衣街游玩,他在自己的《越缦堂日记》中曾描写这条街"廊舍整洁","几及二里",繁华绝似"吴(苏州)之阊门",可见它繁荣的面貌。估衣街上有各种老字号老商店,如吃饭饮宴,有"估衣街里赵洪远,一饭寻常费万钱"的说法。天津饭店中的老"八大成"(八家字号中含"成"字的大饭庄,如"聚合成"),大部分在估衣街归贾胡同或侯家后。再如天津最老的洋广杂货商店"范永和"及京都达仁堂,老皮货凉席店都在估衣街上。

当然,估衣街上最多的仍然是服装店与绸缎庄。据"七七事变"前统计,在估衣街(东到锅店街)上开设的绸布、棉、纱、呢绒、布庄、裘皮商及服装商店(包括内局货木栈)就有谦祥益、敦庆隆、元隆、瑞蚨祥鸿记(经理辛挹泉)、华祥、瑞蚨祥(经理李文泉)、绵章、宝丰、崇庆、万聚恒、庆德成、益庆和、怡庆、德益栈、同丰裕、义丰厚、德益成、庆利恒、义聚恒、宝昌、西裕兴、庆祥、天顺成、裕兴文、毓盛长、荣馨、裕盛永、庆丰、荣庆、大庆元、永康、新丰泰、瑞森祥、义信成、公益、庆盛恒、恒祥公、大丰泰、鸿生义、恒利、东泉盛、永聚成、四合元、篮生祥(张省三)、德源(经理陈少轩)、瑞兴、同益、广兴永、华泰、聚源德、德源(经理陈锡九)、益合、恒兴德、宝顺合、万兴厚、祥记、文兴顺、华盛、义兴合、信达永、德茂成、毓成斋、宝元隆、顺兴德、益生、春泰、恒泰庆等。

估衣街上当然卖估衣,就是卖旧衣。清代崔旭在道光四年(1824年)写有《估衣街·竹枝词》一首:

衣裳颠倒半非新,
挈领提襟唱卖频;
夏葛冬装随意买,
不知初制是何人。

这首诗生动地描绘了清代天津估衣街上的主要店铺——估衣店的经营活动。衣裳半非新，必是旧物。因天津当铺很多（"四十八家当店齐"），居民中经济变化既大又快（天津有"富贵无三辈"的说法），因此家中新制的鲜衣华服，转瞬间就可能因破产送进当铺，往往又无钱去赎回，所当衣服即成为死当，所有权转移到当铺手中。当铺即按堆儿编号售出，卖者多为估衣铺，便拿到估衣街上售卖。当时要喝唱吆喊："这一件皮袄呀，把它卖了吧！"声如歌唱，买主可讨价还价。故诗中说"唱卖频"。买的既然是旧衣服，当然"不知初制是何人"了！

估衣街上的服装店，是从面料开始，到丝线、估衣、新衣、皮货、军衣，无所不有，是具有600年历史的一条服装商业街。这在世界上也是少见的。

现在，从一些老棉店门面上，还能看到昔日的风采，高大的院墙上有铁花罩棚，院内是宽敞的店堂，一般是楼上楼下都设柜台，与京都大栅栏的大绵布庄惊人地相似。这说明天津与京都在清代同样繁华热闹，曾吸引着南北游客。

旧时天津各色集市

自明代中叶前后，随着天津商业的发展，集市在津日渐增多，商业比较集中的繁华区也开始形成，这标志着天津商业繁荣向上的发展。如明宣德至成化年间（1426－1487年）天津城内的集市就有5处：宝泉集，于城内鼓楼附近，逢农历初五、十五、二十五行集。仁厚集，于东门内，逢初三、十三、二十三行集。货泉集，于南门内，逢初六、十六、二十六行集。富有集，于西门内，逢初九、十九、二十九行集。大道集，于北门内，逢初八、十八、二十八行集。每月，卫城内各处的集市人流熙攘，异常热闹。明代官员李东阳曾在《过天津》诗中对集市兴旺有过"千家市远晨分集，两岸河平夜退潮"的描述。

街头小贩

集市上的摊贩　　　　　　玩具摊

天津历史上值得记录的集市还有晓市、粮市、鸟市、鬼市、菜市、马集、驴市、夜市、洋货街、肉市等。

天津卫三宗宝

鼓楼与炮台、铃铛阁统称为"天津卫三宗宝"。

明朝永乐二年，天津设卫筑城，当时，这座"卫城"只不过是土围子。经历了大约90年，到弘治六、七年，才砌成砖城，修建了东、西、南、北4个城门的城楼和4处城角的角楼。位于城中

鼓楼

心的鼓楼,也是在这个时候修建起来,名为鼓楼,实为钟楼。

大沽炮台兴建于道光二十年,有炮台4座,安设大炮30尊,驻军八、九千人。1858年春,第二次鸦片战争后,英、法、美、俄四国公使率领联合舰队20余艘,向大沽口炮台进攻,迫使清廷签订了《天津条约》。1900年,八国联军之役,大沽口外的军舰30余艘,向大沽炮台猛攻,守军伤亡惨重,大沽终被攻占。《辛丑条约》签订后,八国联军先拆除了天津城墙,次年,即将大沽炮台连同其他沿海炮台、兵营尽皆拆除。从此大沽炮台只剩下土基垒垒,成为历史陈迹了。

炮台

铃铛阁位于天津县城外西北角,初名稽古寺,建自唐代,寺内存有《大藏经》全卷。明万历七年,建藏经阁,重檐四出,甚为壮观。阁角装有风铃,铃声可远闻数里,乡人因呼为铃铛阁。光绪十八年,不慎失火,延烧及藏经阁,房子及所储存的大藏经都化为灰烬。公元1901年,严范孙、高凌文、王世兰等倡以以稽古书院旧址改办新式中学,名为天津普通中学,但大家还是习惯叫它为"铃铛阁中学"。在其校旗校徽上,铃铛作为其主要标志。

铃铛阁

天津国际邮轮母港

新建的天津国际邮轮母港位于天津港东疆港区南端，与我国目前最大保税港区之一——东疆保税港区毗邻，天津国际邮轮母港于2010年6月26日正式开港，随着意大利歌诗达"浪漫"号、美国皇家加勒比"海洋神话"号以天津作为母港首航，将有越来越多次国际邮轮来港，接待进出境旅客也越来越多。诸多国际豪华邮轮为天津国际邮轮母港带来了巨大的商机。

天津港国际邮轮母港总建筑面积160万平方米，岸线长2000米，6个泊位，初期开发面积70万平方米，计划建设2个大型国际邮轮泊位及配套客运站房，码头岸线长625米，可停靠目前世界上最大的邮轮，设计年旅客通过能力50万人次。同时，依托国际邮轮泊位与客运站房，邮轮母港区域内拟布置包含邮轮码头管理、港务口岸服务、出入境管理、邮轮公司办事机构、船舶代理、旅游服务和金融保险等在内的综合性写字楼，以及餐饮宾馆和商业设施，配合东疆保税港区拟后续建设国际商务采购中心、五星级酒店、大型商业设施，以及特色型旅游会展温泉度假设施，从而逐步形成与北方最大邮轮母港目标定位相适应的完善的邮轮母港复合产业体系。

青岛港

青岛港位于山东半岛东部，胶州湾畔，扼黄海、渤海之要冲，是山东省沿海地区最大的工商业城市，我国重点开放的沿海港口，国家经济与社会发展计划单列市和历史文化名城之一。青岛港港阔水深为一天然良港。青岛市因有青岛港而逐渐发展成一个海滨城市。青岛者，因岛上山岩碧绿秀萃，草木常青，故得名为青岛。青岛地处黄海之滨，三面临海，一面与陆地相连，城市依山建筑，青砖红瓦，山海相连，山奇水秀，景色极佳，别具海滨城市之特色。历年吸引众多中外游客到此避暑、疗养、观光、游览。因此，青岛又成了著名的避暑胜地。现在是我国对外贸易的一个重要港口城市。

青岛港始建于1892年，具有120年历史，是我国重点国有企业，中国第二个外贸亿吨吞吐大港，是太平洋西海岸重要的国际贸易口岸和海上运输枢纽。港内水域宽深，四季通航，港湾口小腹大，是我国著名的优良港口。

它主要由大港、中港和黄岛港组成。各港码头均有铁路相连，环胶州湾高等级公路与济青高速公路相接，腹地除吸引山东外，还承担着华北对外运输任务。青岛港是晋中煤炭和胜利油田原油的主要输出港，也是我国仅次于上海、深圳的第三大集装箱运输港口。青岛港由青岛老港区、黄岛油港区、前湾新港区三大港区组成。现拥有码头15座,泊位72个。其中,可停靠5万吨级船舶的泊位有6个,可停靠10万吨级船舶的泊位有6个,可停靠30万吨级船舶的泊位有2个。主要从事集装箱、煤炭、原油、铁矿、粮食等进出口货物的装卸服务和国际国内客运服务。与世界上130多个国家和地区的450多个港口有贸易往来。

青岛港前湾四期位于前湾新港区南岸,是青岛港集团一次性建设规模最大的集装箱码头,码头岸线全长3420米,规划建设10个水深负18米至负20米大型顺岸集装箱泊位,同时配套建设一个国内最大的铁路多式联运物流中心。码头配置起重量最大、外伸距最长、装卸效率最高的30多台装卸桥,前4个泊位于2008年年底完工,其中6月底1、2号泊位建成投产,配备世界上最先进的8台双吊具双小车装卸桥与16台轨道吊。5年内(至2013年)10个泊位全部建成投产,工程建成后,四期码头集装箱吞吐能力为640万标准箱,可停靠当今最大的装载1.5万标箱的巨型集装箱船。

青岛港港口资产为110.4亿元。拥有全国最大的集装箱码头、原油码头、铁矿码头和国际一流的煤炭码头、散粮接卸码头。有近20家合资企业,其中有6家世界500强企业与青岛港合资。

悠久的港口历史

青岛港原是几个小渔村,在形成城市之前原属即墨县管辖。据史书记载,青岛地区古属东夷,周朝初年属夷国。春秋战国时属齐国所辖。齐朝时期,为了巩固其统治,曾修筑过西起平阴,东至胶南(今青岛近郊)的长城,沿边境设立多处关卡。齐长城东南侧的琅邪城(今青岛近郊胶南县夏河城)不仅为军事重镇,也是齐国与南方诸国从海上进行贸易的重要港口。

秦始皇灭六国统一中国后,青岛地区的军事、经济地位仍极为重要。唐朝时期,胶县之东板桥镇取代了琅邪城,成了重要的通商口岸。到了宋代,板桥镇成了宋朝北方唯一的对外贸易港口,当时已与日本、朝鲜等国有贸易往来,并设立了市舶司。明代中期(1368－1644年),青岛逐渐成为一个小市镇,并设即墨营、灵山卫、浮山寨等等,以防外来侵略。清代之后,青岛设三营、二所和六巡检司管理商舶事宜。

清光绪二十三年,德帝国主义出兵占领我胶州湾,订租借期为99年,

开辟为军港,还开辟青岛为商埠。德国人从此在这里修道路,建船坞,并修铁路通济南,与山东省内地相联系。一时间贸易繁盛。1840年,鸦片战争之后,清政府建总兵衙门于此,并于青岛及团岛修筑了炮台,以防外侮。清咸丰八年(1861年),在青岛建立了东海关,并设青岛、塔埠两个分卡,航行条件日渐完善。自此,青岛地理位置的重要性日益显现。

青岛港因地处黄海之滨,扼黄海与渤海之要冲,地理位置优越。港湾良好,四季不冻,航行方便,帝国主义者早已垂涎欲滴,虎视眈眈,拟趁火打劫,抢占地盘。1896年,德帝国主义者借口曹州两名德国传教士被杀为由,于同年11月14日派出720人的兵力登陆青岛,占领了当时还是半耕半渔的村庄。从此,青岛被德国人占领。1898年3月6日,清政府在德国的威胁下签订了丧权辱国的《胶澳租借条约》,将胶州湾租借给了德国。自此之后,德帝国主义者为了掠夺我国丰富的矿产资源和榨取我国人民的血汗,在青岛拓建码头,修筑铁路,开矿山,办工厂,极尽侵略、掠夺之能事。公元1904年,胶济铁路建成,青岛城市建设也逐渐形成规模。

公元1899年,青岛港开始建造第1、2、3、5号码头。公元1906年建成投入使用。青岛港从建造码头起到现在,也就只有100多年的历史。1914年第一次世界大战爆发后,日本帝国主义者趁机占领了青岛。这一时期,日本人只顾对我国资源的大量掠夺,对港口建设是丝毫不顾。1922年,太平洋会议决定将胶澳租界归还中国,海关归中国管辖。1932

年,我国扩建了3号码头,并修建栈桥和浮码头各一座。1937年,抗日战争爆发,日本侵略者又于1938年1月再度占领了青岛。当时日本人为满足扩大侵略战争的需要,扩建和改造了一些码头,还修建了中港两座防波堤。1945年,日本投降,国民党政府接管了青岛港。可是赶走了日本侵略者,蒋介石却把青岛又奉送给了美帝国主义,他们把青岛作为在远东的一个海军基地。这一时期,不论美帝国主义,还是国民党政府,都只顾私利,各打各的算盘,除对地方和人民进行残酷剥削外,从不管港口建设和码头设施的改进。直到解放前夕,码头岸壁几乎全部倒塌,仓库年久失修,港区破破烂烂,显得一片荒凉。1949年6月2日,青岛解放,才回到人民的怀抱,再度焕发了其美妙青春。

青岛解放后,人民政府开始对码头、泊位、仓库、航道等港口设施进行一系列的维修与疏浚,港口面貌发生了根本的变化。1956年,6号码头进行了改造与扩展;1967年建成了一座机械化卸煤专用的7号码头;1973年新建了两个客运码头泊位,铺设了铁路专用线,也安装了门机等装卸机械,还修建了一座大型客运站;1976年,在胶州湾内建起了一个黄岛油港,可靠泊5万吨级油轮,每年可输出原油2000万吨;1974年,建成了8号大型杂货码头,使青岛港杂货进出口能力成倍增长;1980年,开辟了青岛至香港航线;1982年开辟了青岛至日本的航线,接着开通了青岛至广州、福建、江苏、辽宁等省市的航线,大大发展了省际之间的物资交流。

至1995年,青岛港已经拥有水陆域面积809万平方米,码头营运泊位49个,总长度为9487米,最大靠泊能力为20万吨级船舶。港区拥有库场面积共125.5万平方米,装卸机械665台。1996年以后港口的主要建设工程项目有:黄岛油港二期工程,前海湾港一期工程,多用途泊位工艺配套项目,现代化管理程控交换机、库场扩建,一号码头的4号、5号、6号泊位的改造,以及前湾主航道拓宽和大型设备更新等等。至1999年,青岛港已拥有码头泊位72个,其中商用泊位46个,万吨级以上泊位15个,分布在七大装卸区内。

徐福山东入海求仙

秦始皇作为中国历史上第一位统一全国的皇帝,一心想长生不死,神威百代,永远享受其开创的万世之基业,可是他的身体本来就不十分强健,加之年龄不断增大,身体一日不如一日,所以蓬莱山上有长生药的神话,对秦始皇产生了巨大的吸引力。统一全国后,秦始皇曾多次巡视山东沿海地区。除向全国"以示强威,服海内",宣扬他统一四海的功德,巩固中央集权以外,他东巡的目的,主要是为了寻找蓬莱山等"三神山",求取长生不老仙药,以便永远统治中国。

社会上层特别是君王们对仙境的向往和对长生不老的渴求在很大程度上抬高了方士的社会地位和身价,成了当时含金量很高的谋生手段,所以,社会上出现了大批方士。生于齐地的徐福,博学多才,通晓医学、天文、航海等知识,掌握医药、炼丹、航海等技术,且同情百姓,乐于助人,在沿海一带民众中享有很高声誉。到战国末年,已成为齐国方士中的杰出代表,因此也就成了秦始皇寻求仙药的最佳人选。

秦始皇统一全国后,拥有了至高无上的权力,占有了全部的社会财富,"六合之内,皇帝之土","人迹所至,无不臣者"(《史记·秦始皇本纪》)。为维护其统治,他在全国范围内推行暴政。当时赋税征收非常苛刻,仅正税就有田租和口赋,田租征收粮食等,口赋征收铜钱。原定地租为农民收获物的十分之一,但实际征收起来,却往往大大超过规定,有时甚至达到"泰半之赋"。人民群众常年辛勤耕作,却"衣牛马之衣,而食犬彘之食"(《汉书·食货志上》)。秦始皇还动用了多达七十万人力和大量物力,建造了700多所宫殿,修建了骊山陵墓。同时又役使数10万人修筑长城,戍守五岭,致使大批青壮年脱离农业劳动。据统计,秦朝当时约有2000万人口,而服兵役和徭役的就多达220万,占总人数的10%还多。为了防范人民群众的反抗,秦朝还制定了残酷的刑罚,各级官吏以杀戮人民为能事。在这种高压政策之下,人民群众摇手触禁,动辄陷刑,轻则判刑,重则处死。另外,为加强思想控制,秦始皇接受李斯的建议,"焚书坑儒",极大地钳制了思想,摧残了文化。

面对这种黑暗的统治,不少人揭竿而起,反抗秦王朝的暴政;更多的人则采取消极抵抗的方式躲避暴政,沿海地区的民众开始大批向海外迁移。徐福痛恨秦始皇的暴政,却无法与之抗拒。想远走海外,但仅凭个人力量又无法办到。经过反复考虑,徐福认识到只有采取合法手段,获得政府的支持与帮助,才能畅通无阻地实现自己远行海外的理想。恰逢秦始皇热衷到海外寻找仙山、仙药,这就给了徐福远渡海外,躲避暴政的机会。

山东胶南琅邪台秦始皇遣徐福入海求仙处雕像群

秦始皇二十八年(前219年),始皇东巡山东,在泰山举行完封禅大典后,率领群臣经历下(今山东济南)和齐故都临淄(今山东临淄),沿着渤海南岸东行至黄县(今山东龙口)。在黄县停留期间,徐福得到秦始皇的召见,奉命陪同秦始皇登莱山,祭月神。不久,秦始皇一行人离开黄县,到达山东半岛最东端的成山头(今山东荣成境内)。在返回的路上,秦始皇等人又登上了芝罘岛(今山东芝罘区境内);接着向南到达了琅邪山,在那里停留了3个月,并从别处迁来3万户人口到此地居住,免除他们12年的赋税徭役。同时,秦始皇又命人修筑琅邪台,立石刻字,歌颂功德,表明自己因如愿以偿而感到满意的心情。

这时,为了迎合秦始皇长生不老、永做皇帝的梦想,徐福上书说渤海中有三座神山:蓬莱、方丈和瀛洲,山上宫殿中住着许多仙人,还珍藏着一种人吃了可以长生不老的奇药,他愿意前去求取并献给皇帝。秦始皇正盼望有朝一日能服上这种仙药,永远统治中国,于是便欣然同意,派徐福挑选童男童女几千人,到海中去寻找仙人。

蓬莱神话只不过是方士们从海市蜃楼的幻影中受到启发,虚构出来的齐国神话而已。无论经历多少年,无论花费多少财物,结果必定是一无所获。面对秦始皇愈演愈烈的暴行,特别是发生了460多名方士和儒生被全部坑杀于咸阳的"焚书坑儒"事件之后,徐福十分惊恐。秦始皇三十七年(前210年),秦始皇再次东巡。徐福怕没找到仙药被怪罪,就谎称:"蓬莱山的仙药本来是可以找到的,但航海中常常受到大鲨鱼的骚扰,所以无法接近此山。希望皇帝选派一些善于射箭的人,同我们一起前往。遇有鲨鱼,可以使用连续发射的弓弩。"恰巧不久前秦始皇作了一个与海神交战的梦,海神的形状好像人。占梦的博士圆梦时说:"海神本来是看不到的,它用大鱼、蛟龙做侦探。现在皇帝祭祀周到且态度恭敬,却出现这种恶神,我们应当除掉它,然后真正的善神就可以找到了。"秦始皇于是下令,入海的人都必须携带捕大鱼的工具,并亲自佩带装有机关的弓弩去等候大鱼的出现。从琅邪向北一直航行到荣成山,都不曾遇见徐福所说的大鲨鱼。幸好到达芝罘时射死了一条大鱼,徐福和博士们才保住了性命。

秦始皇求仙心切,射杀大鱼后再次派徐福入海求仙。徐福派人在海上转了转,回来向秦始皇报告说:"臣在东海中见到了海神,献上礼物后向他求取仙药,海神却说:'秦王的礼太薄,不能带走长生不老之药,但你们可以参观一下。'随即带着臣向东南行至蓬莱山,见到了一座灵芝生成的宫殿,宫中住着许多仙人,个个健康长寿,光彩照人。于是臣再拜问道:'应当献给您什么样的礼物,才能得到仙药呢?'海神说:'大批的良家童男童女,再加上各种工匠用具。'"秦始皇听了徐福的描述后,大为高兴,随即给徐福派遣了3000童男童女,还有五谷和百工等,再次支持他去东海中寻求仙药。

徐福心里明白,要逃避海外,长期生活下去,必须解决衣食住行等问题。童男童女是繁衍人口所必需的,五谷是维持生活的保证,百工是发展生产必备的力量。这些东西出海时必须全部带足,但直接提出来怕秦始皇发觉他的意图,于是以海神提出的要求为借口,不仅掩盖了自己的目的,而且使秦始皇龙颜大悦,慷慨地答应了这些要求。至此,出洋过海所必需的武装力量,"大船、连弩、弓箭手",发展生产解决衣食所必需的"五谷"、"百工",繁衍人口的"童男童女"等,都以入海求仙为名,巧妙地准备妥当。

准备充分后,徐福率领船队从他的家乡——徐乡北海岸的黄河营古港扬帆出发。船队离港之后驶向庙岛群岛南端的南长山岛,再逐岛北上横渡渤海海峡,抵达辽东半岛南端的老铁山,沿辽东半岛南海岸东航至鸭绿江入海口,然后沿朝鲜半岛西海岸南行到韩国济州岛(曾在济州岛上做过停留,留下了朝天浦、汉拿山等许多活动遗迹),最后渡过对马海峡到达日本的北九州,从此开始了崭新的生活。

徐福泛海东渡,客观上促进了日本和朝鲜半岛的进步与发展,扩大了中国在日本列岛、朝鲜半岛及其附近的影响,对中国航海事业的发展也起到了巨大的推动作用。

徐福东渡,把当时山东半岛先进的科学技术和工农业生产技术以及习俗文化传入日本。徐福等人到达日本后,随行的农业水利技术人员,手把手地教会了日本人使用铁制农具开荒种地、选种耕种、浇水施肥、锄草松土,帮助他们兴修水利,以便抗旱排涝、灌溉农田、种植水稻。农业生产的发展,不仅解决了长期以来日本原始人民的吃饭问题,而且粮食也有了剩余。日本人开始从渔猎采集经济进入农耕经济,由高山森林向平原地区迁徙,由游牧生活发展为定居生活。

日本新宫市徐福公园中的徐福雕像

　　农业的发展、粮食的剩余,加快了日本原始社会的瓦解。随行的"百工"积极传授纺织、冶铁、木器加工等知识,使日本的手工业迅速兴起并得以发展。纺织、冶铁、木器加工等各行业的专业劳动者相继出现。这些手工业者,把自己的商品带到市场上,通过等价交换来换取自己所需的物品。商品经济最终导致了贫富的分化和阶级的出现,日本由原始社会进入阶级社会。

　　秦时,中国丝织业和纺织技术都很发达。到达日本后,徐福等人向当地的土著居民传授植桑养蚕知识,使他们很快掌握了抽丝纺线、染色织布等技术。这就解决了长期困扰日本人民的穿衣问题,促使古代日本较早地进入了服饰文明时期。

　　"百工"中医术高明的中医师,以及其中的采药制药能手,利用当地丰富的草药资源,进行药物的采集和炮制,热心为当地的土著居民医病疗伤,传授中国先进的医学知识,解决了长期以来古代日本缺医少药的局面。

徐福等人将中国先进的造船、航海技术传给了当地的居民,日本古代的造船业和航海业,凭借外力的帮助,迅速发展起来。他们用大船进行远海航行,小船从事近海捕捞,不仅使古代日本的对外经济文化交流得以加强,并且也带来了可观的经济效益。

徐福等人在同当地居民共同劳动、相互交流的基础上,把自己原有的风俗习惯带给了日本居民,二者逐渐形成相近的爱好和相近的习俗。例如当时的齐国是有名的茶国,有种茶、饮茶的习惯。徐福把这一文化带到了日本,逐渐发展成为闻名世界的日本"茶道"。在古代日本,人名、地名的起法与中国古代相似。有的甚至连名称都一样,读音也相同,如富山又称蓬莱山,大黑岛又称蓬莱岛等。深受中、日两国人民喜爱的兰花,就是由徐福带去的。先秦前后的中国人,有坐、立或跪的习惯,吃饭用矮腿桌,徐福把这些习惯带到日本后,日本人代代相传并沿袭至今。

作为方士,徐福东渡日本后,将方士的功能一显无余。久而久之,受其影响的日本人民,逐渐形成了原始的宗教信仰。他们认为山河海都有神,自然和祖先成为日本人民信仰的神灵。在古代中国,方士的杂说及思想意识在东汉末年一统为道教;而在日本,则逐渐归一为神道教。在许多方面,二者有相似之处,从这里可以看出徐福东渡对日本原始宗教信仰的影响。

徐福东渡,开创了中日交往的崭新篇章,一直受到人们的敬仰。日本人民把给他们祖先传播华夏文明的徐福当做"神"来祭祀,称他为"弥生文化的旗手"。从14世纪起,日本文献开始记载徐福东渡的去向,很多日本人认为徐福到达了自己的国家,并带来了先进的文明。1339年出版的日本古籍《神皇正统记》,其孝灵天皇曾这样记述道:"四十五年乙卯,秦始皇即位。始皇好神仙,求长生不死之药于日本,日本欲得彼国之五帝三王遗书,始皇乃悉送之。"此后,徐福逐渐成传奇人物,在日本民间,徐福被尊称为农神、医药神、桑蚕神而予以祠祀。如今，日本许多地方都存有徐福遗迹，其中年代较早的遗迹出现在熊野。在日本佐贺市北面的金立山，建有金立神社，社中以徐福为主祭神。在佐贺市与福冈县交界的诸福町，存有"徐福登陆地"和"徐福洗手处"等遗迹。日本爱知县也分布着一些徐福旧迹，其中名古屋市有热田神宫，又称小蓬莱。日本青森县北津轻郡有尾崎神社，社中奉徐福为祖神。

徐福东渡开创了世界航海史上的新篇章。徐福东渡比唐朝鉴真东渡日本早九百多年，比郑和下西洋早1600多年，比哥伦布发现美洲新大陆早1700多年。这一雄伟壮举虽然航程不长，但在秦朝那样遥远的古代，在航海物资、技术条件非常落后的情况下，徐福东渡无论是在时间、规模、目的、方式上，还是在航海、探险、胆识、精神上都是哥伦布所不能比拟的。徐福东渡，把中华民族认识海洋、驾驭海洋的历史向前推进了十几个世纪，为世界文明和航海事业的发展做出了无与伦比的贡献。

徐福东渡虽然名为求仙，实际上则是一次中外文化的交流与融合，是内陆文明向大海文明切入和跨越的尝试，是一次采用和平方式将当时世界上最先进的物质文明和精神文明向经济文化发展较为落后地区传播的壮举。恢复徐福在中华文明史、东亚发展史、世界航海探险史上的地位，深入挖掘其历史价值，是十分必要的。

昔日商埠——板桥镇

唐武德六年（623年），在今青岛胶州市区设板桥镇，海上贸易肇兴。宋元三年（1088年），又设密州板桥镇市舶司，管理内外航务和中外商人的海上贸易，抽取进出港口的贸易关税，为宋代北方唯一对外开放港口。

北宋时期发展成为全国五大商埠之一、长江以北唯一的通商口岸、海关重镇。近年来，青岛市和胶州市文物部门多次对板桥镇遗址进行了考古调查、勘探、试掘和抢救性发掘工作，不仅了解了板桥镇遗址内各类遗迹的分布及年代，还发现了北宋时期大型公共建筑群、大量铁钱以及其他门类繁多的各类文物，宋代密州板桥镇港口的繁盛景象再度彰显。

1996年12月，在胶州市政府宿舍建设工地，首次发现了宋代板桥镇的文化堆积遗存。考古队对工程占压的板桥镇遗址进行了抢救性发掘，清理面积60余平方米。

考古队在发掘过程中发现了宋、明、清时期文化堆积。在宋代文化堆积层发现了房屋基址和锈结的铁钱团块等遗迹，出土了北宋各窑系的瓷器碎片。在南北长10余米、东西宽约5米的房屋基址内，宋代铁钱堆积如山，这些铁钱已锈结成巨大的一块，其形状中间较高，四周低，南北较长，最厚处高约1.5米。因工程打桩，钢筋混凝土桩橛把铁钱分解成数块。通过清理，共获铁钱十几块，总重量30余吨，其中最大的一块重约16吨，其余重量在0.5至6吨不等。能辨清字迹的有圣宋元宝、崇宁通宝、崇宁重宝、大观通宝、政和通宝等，为北宋徽宗时期的铸币。

在宋代文化层发现的建筑基址、出土的大量铁钱和种类较多的瓷片等文物，展现了板桥镇当年的繁荣，其地位的重要，为以后板桥镇遗址的考古工作提供了重要依据。

出土的瓷片

板桥镇建置于唐武德六年（623年），属密州（治诸城）。《新唐书·地理志注》载："高密，上武德三年置，六年，省胶西县，入焉。"《齐乘》："唐武德六年,省胶西入高密,以其地为板桥镇。"板桥镇的设置与其得天独厚的地理位置密切相关。唐代密州板桥镇的海运和海外贸易已粗具规模,高丽和日本的商贾、使臣、僧侣由此到中国,或贸易、或国事往来、或宗教交流等。自此,板桥镇的经济、政治地位逐步提高。唐开成元年(836年)日本著名僧人园仁法师回国时,曾在板桥镇海域(密州大珠山)乘船至荣成赤山法华寺。圆仁在其《入唐求法巡礼行记》还记录了一批船人自称"从密州(今山东诸城板桥镇)来,船里载炭向楚州去,本是新罗人,人数十有余"。圆仁描述了晚唐时期楚州—海州(今江苏连云港)—密州—登州一线繁忙的海上交通线,自晚唐以来就是一条传统的航海线,密州板桥镇是这海上交通线上的一个重要港口。《增修胶志》载:"板桥久为海舶孔道,朝臣与高丽往来由此。"唐代的板桥镇正在悄悄兴起,但在北方海港中的地位尚不及登州和莱州。

板桥镇遗址位于山东半岛胶莱平原南部,胶州湾的西北岸,遗址现被胶州市老城区占压。

由于密州板桥镇地理位置优越,水陆交通便利,成为北宋时期我国五大通商口岸之一,也是北方唯一的海关重镇。板桥镇码头所在的位置现为云溪桥东侧50米处云溪河的北岸,湖州路南端。这个区域在宋代称为唐家湾,又称唐湾,东临胶州湾海域,水面开阔,是板桥镇码头所在地,现在已被填平建设为湖州路菜市场。板桥镇码头遗址的范围是:南至云溪河南岸,北至东关大街与湖州路交汇处,东至大同小学西墙外,西至东关小区住宅楼,占地面积约27600平方米。码头遗址的宋代文化堆积层较深,距地表约3.5米。由于地下水位较高,勘探至深约4.5－5米处无法继续工作,文化堆积的厚度不详。

据已掌握的资料显示,上世纪90年代建设湖州路市场时,由于挖掘地基,距地表深10余米处仍是淤泥层,淤泥中出土了各时期主要是宋代的碎瓷片约两吨,其中有完整器和其他文物,说明板桥镇码头遗址以宋代文化堆积最为深厚。经勘探,还找到了码头西岸的砖砌台阶,台阶位于湖州路南端西侧,距地表深约2至3米,由于该码头一直延续到清代,砖砌台阶的具体年代尚待进一步考证。因此,板桥镇遗址所在地的文化堆积并不是单一时代的物质文化遗存。但在这些不同时代的文化遗存中,宋代文化堆积保存较好,也最具代表性,是我们考古发掘和研究的重点。

多处区域勘探和试掘结果表明,距地表以下约2至3米处为宋代文化堆积。文化堆积层中出土北宋龙泉窑、定窑、钧窑、磁州窑、耀州窑、景德镇窑及其他窑系的瓷片标本上百片。

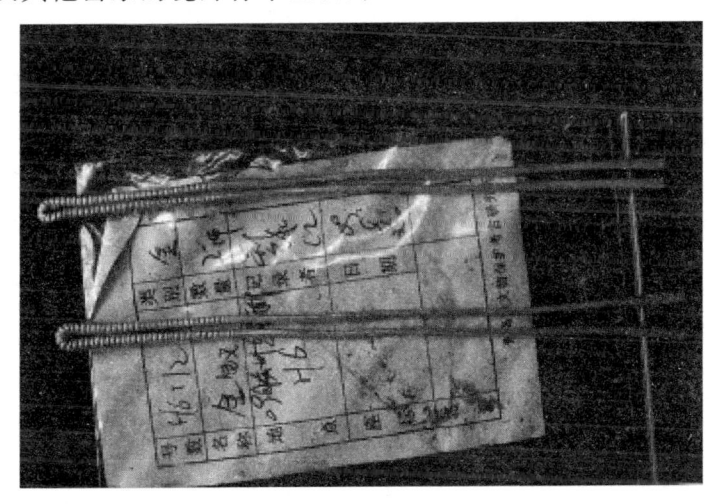

出土的金钗

宋代,板桥镇港在全国海港中的地位发生了重要的变化,因宋辽对峙,北宋政府明令,禁止海船入登州、莱州。登、莱闭港,密州板桥镇自然占据了北方最大海港的优势。

北宋元丰五年(1082年),密州知府范锷首次上书要求在板桥镇设立市舶司。他在奏疏中说,"板桥濒海,东则二广、福建、淮浙,西则京东、河北、河东三路,商贾所聚,海舶之利专于富家大姓。宜即本州置市舶司"。范锷提出的理由是:"如在板桥镇设立市舶司,笼商人专利中央,其利有六:使商贾入粟塞下,以佐边费,于本州请香药杂物与免路税,必有奔走应募者,一也;凡抽买犀角、象牙、乳香及诸宝货,每岁上供者,既无道途劳费不便,又无舟行侵资倾覆之弊,二也;抽解香药杂物,每遇大礼,内可以助京帅,外可以助京东,河北数路赏给之费,三也;有余则以时变易,不数月有倍称之息,四也;旁旅乐于负贩,往来不绝,则京东、河北数路郡县税额倍增,五也;海道既通,则诸蕃宝货源源而来,上供必数倍于明(州)、广(州),六也。"

宋廷没有采纳范锷的建议,但是,也引起了足够重视。元丰七年(1084年),北宋政府还是在板桥镇设置了管理舶商贸易的榷易务,级别比市舶司低。宋哲宗元祐三年(1088年),范锷以金部员外郎的身份,会同京东转运司再次上书,重申旧议,他说:"若板桥市舶法行,则海外诸物积于府库者,必倍于杭、明二州。"这次,宋廷采纳了范锷的建议,在密州板桥镇设置了市舶司,来管理港航、征收税钞、鼓励贸易往来和保护外商外侨等。宋哲宗元祐三年"以板桥镇为胶西县,兼临海军使"。复置胶西县,治所设在板桥镇,并在这里设立提举市舶司,为当时全国五处市舶司之一,兼临海军使。板桥镇市舶司的设置是板桥镇发展的必然,从范锷的奏疏中可以看出密州板桥镇自然地理的优势和财政经济地位的重要。自唐至宋代,政府在主要的通商海港设置市舶司、市舶务或市舶场等机构。板桥镇市舶司的设置,是当时继广州、杭州、明州、泉州之后全国第五大市舶司。板桥市舶司设立后,没有时罢时复的现象,地位是稳固的,这是和其他市舶司不同的。

唐初在此设置板桥镇之后较长的一段时间里,其天然良港的优势在南北贸易中发挥了重要作用。至宋代,在宋辽对峙的局势下,板桥镇占尽"天时"、"地利"、"人和"。随即,宋廷在板桥镇设立市舶司,同时升县设海军使,从当时的形势来分析,建市舶司的同时升县设军,是着眼于保护贸易、发展经济,估计也是为应对北方辽、金侵扰的一项防范措施。板桥镇设军,成为一个军事重镇。这样就奠定了板桥镇的重要地位,为板桥镇进入极盛时期创造了条件。北宋一朝,由于登州、莱州闭港,外界和登、莱的联系转向了胶州湾的密州板桥镇港。板桥镇港跃居登、莱港之上,成为我国北方的主要港口。港口地位的确定,促进了板桥镇经济的发展。"板桥控东南海道,风飘信宿可至吴楚"。又据《续资治通鉴》记载:"胶西当登、宁海之冲,百货辐凑……时互市始通,北人尤重南货,价增十倍。全诱商人至山阳,以舟浮其货而中分之,自淮转海,达于胶西。"《续资治通鉴长编》也谈到,"来自广南、福建、淮浙商旅,乘海船贩到香药诸杂税物,乃至京东、河北、河东等路商客船运见钱、丝、绵、绫、绢,往来交易,买卖极为繁盛"。板桥镇成为南北货物贸易的中转站,这里各地客商过往日众,是当时两广、福建、浙江、河南、河北等地商品的集散地,海运胜过杭州和宁波,其贸易额与济南持平。板桥镇作为中转港口,其吞吐货物的品种、数量都是相当可观的。

板桥镇遗址规模巨大,文化堆积深厚,蕴含丰富,出土的历史遗物数量之大,门类之多,令人震撼。考古发掘出土的遗物多是贸易品,通过远洋和内陆运输而来的数以万计的瓷器几乎涵盖了北宋时期所有著名窑系的产品,有力证明了在宋代北方地区物质流动中的枢纽地位和港口贸易的繁荣。

长期以来,人们对密州板桥镇的了解仅限于一些史料记载,通过对板桥镇遗址系统的考古调查、勘探和发掘,使我们对这座沉睡地下近千年的古镇有了更具体、更深入的了解。大型公共建筑群市舶司衙署和仓储的发现和大量铁钱、各类窑口瓷片的出土,充分印证了宋代密州板桥镇在中国北方港口中的地位。这对于胶州和青岛港的历史沿革、板桥镇港口的海运贸易研究,都具有十分重要的价值。

名僧法显与青岛崂山

东晋名僧法显去尼泊尔、印度、斯里兰卡求取佛经,历时13年。乘商船返国途中遇飓风,于东晋义熙八年(412年)漂泊到崂山南岸登陆,被长广郡太守李嶷接至不其县城。法显居不其县城期间,翻译了不少佛经,对佛教在青岛地区的传播有一定的影响。

东晋隆安三年(399年),法显以六十五岁的高龄踏上了西行取经的征程,前后共走了三十余国,历经十三个春秋寒暑,回到祖国时已经七十八岁了。在这十三年中,法显迎风斗浪,披荆斩棘,忍耐挨饿,跋山涉水,经历了人们难以想象的艰辛。正如他后来所说的："顾寻所经,不觉心动汗流!"

崂山法显雕像

说起来到"西天"取经,有些人只知道玄奘,不知道法显,实际上法显是历尽艰险、饱经磨难、九死一生到"佛国"取经的第一人。论功绩、经历、历史地位与对世界的影响,法显都大大地超越了玄奘。话说东晋隆安三年(399年),65岁高龄的法显慨叹佛教传入中土后佛法戒律残缺,"欲令戒律流通汉地",遂与慧景、道整、慧应、慧嵬四人从长安出发,沿丝绸之路北线亲往天竺(今印度)取经求律,瞻仰佛迹。第二年夏天,法显等人在河西重镇张掖与另一批西行的僧人宝云、智严等相遇,秋天到达敦煌,得到了敦煌太守李浩的供给与资助。

法显一行穿过茫茫戈壁,继续经停鄯善、于阗等西域小国西行。这日到了葱岭,只见白皑皑一片高低起伏的山峰。原来这里冬夏积雪,成了银色的冰雪世界,山高坡陡路滑,可谓寸步难行。只见峭壁千仞,鹰隼也难飞过,幸亏山上还有前人凿的梯道小路,尚可艰难攀爬。两峰之间,有一条摇摇晃晃的铁索桥连接,要大胆地攀着悬索过去,一失足就会跌入万丈深渊。至此,法显的四、五个同伴,有的在过沙漠时畏难地回去了,有的在大荒漠患病死了,有一个在过索桥时跌入万丈深谷了,只有一个名叫慧景的师弟还跟着他。但是慧景这时也病倒了。

过了葱岭,便要度小雪山。这里风暴时起,天昏地暗。飓风来时,拔树飞石。他们艰难地走了一阵,又饥又寒。慧景是有病在身,战战兢兢,不想再前进一步。法显努力搀着他也不行,他流着泪对法显说:"师兄,你不要顾我了,我已不能随你到灵山了!这里是我葬身之地,你一个人前去吧。"法显哭着道:"师弟,我怎能丢下你不管呢。我背着你也要度过雪山!"说罢就要去背。慧景推开他道:"师兄,这么陡的山,不要两人都滚下去嘛,我身体虽不能随你去天竺,可是我的心跟着你,佛祖菩萨是会知道的。你快走吧,不要误了取经的大事!"言罢,乘着法显不防,用力滚下山去了。法显号啕大哭,只得单身而行。此时他坚定地对佛祖释迦牟尼佛发誓道:"我若不取到真经,宁死不回头!"

于东晋元兴元年(402年)进入北天竺(今印度)境内。在天竺期间,法显获得《萨婆多众钞律》、《杂阿毗昙心》、《方等般泥洹经》等经文抄本。

东晋义熙五年(409年)冬,法显离开天竺,乘船渡海到达狮子国(今斯里兰卡)。在这里,他居住了两年,抄得律经四部,遂决定起程回国。

412年阴历八月底,法显搭乘由大秦(东罗马帝国)回国的中国大商船,共有两条同样的大帆船同行;与400余名乘客同舟蹈海东归故国。他们回国的目的地是著名港口广州,船上携带了自斯里兰卡经马六甲海峡到广州航行的50天的口粮和淡水。

东晋义熙七年(411年)八月,法显完成了取经求法的任务,乘船扬帆循海东归。舶行不久,即遇暴风,船触礁进水。幸遇一小岛,靠岸补好漏处又前行。

法显在这里停留五个月,又转乘另一条商船向广州进发。客船航渡二十余日。一夜,又风浪大作,比前尤剧。众皆惊慌异常!一个信奉外道的商人说:"一定是船上留了这个和尚,才屡遭不利。若要救船上一百多人性命,只有将这和尚投入海中。"此时众人已失去神智,有些人就想动手。法显极为镇静,他恳求道:"出家人视生命如草芥,我死不足畏。但我万里来到天竺,为的是取佛经,而今经已取到,正想归国弘扬;诸位既要将我投海,我只求你们把这数箱经籍保存好,代我送到中国寺院,我极感激你们了!"刚说毕,只见人群中站出一个雄赳赳的少年,拔出钢刀,手指着信奉外道的商人大声喝道:"诸位休听此人妖言惑众,有谁敢将这沙门投海,我跟他拼了,先将他葬身鱼鳖!"众人吃了一惊,那少年继续道:"我警告你们,东土帝王信佛敬僧,你们的货物是运到中国去的,你们干下这等蠢事,到了中国,不怕杀头偿命吗?"这时众人面面相觑,连那个外道商人也不敢再吭声了。不多会风势渐弱,众人忙向法显致歉,法显也向那少年道谢。

船又航行数日,由于前几日在大风暴来临时,船舱进水,岌岌可危,慌乱中将打湿的粮食也投入了海中,此时粮尽水竭,大家又饥又渴。帆船在遭遇狂风巨浪的情况下,只能任船随风漂流。一日,火红的太阳在昏暗的天空中升起,海面上闪烁着万道金光,突然发现有成群的海鸥在蓝天碧海间翱翔,终于见到了奇石嶙峋与松柏苍翠的山峰,船员与乘客都欢呼起来:"老天保佑呀,我们有救了!""到了佛主点化的仙山琼阁了!"船员降帆下锚,将船泊定,大家等不得搭跳板,就有人跳下船淌水上了岸,这个人见到地上长有藜藿菜,他惊喜地大叫:"大家不用怕,我们已经到了中国地界了,只有中国有藜藿菜。"见到泉水喷涌而出的清清的河流,口渴难耐的人们都急不可待用双手捧起河水,一饮而尽,多么甘甜的泉水呀,大家仿佛感觉喝的是玉乳琼浆啊!路上遇到了一个手提着猎枪,肩背着狍子的人,显然是个猎户,法显忙双手合一道:"阿弥陀佛,善哉善哉,请问这是什么地方?"猎人和蔼地回答说:"这是青州崂山!"

青州太守李嶷,闻听高僧历经千难万险,九死一生,取经归来,敬佩之至,亲自带了随从迎接,表示慰问,并且接到府中住下,太守执意挽留。法显说:"太守的盛情令人感动,但贫僧已出国多年,志在弘法,急欲回去,改日有缘再相会吧!"太守见无法挽留,只得派快马把高僧送往京城,太守在临别时含着泪说:"是大风浪把法师送到这里的,我们相见是有缘分的……"未说完就泣不成声。

崂山风景

法显途经彭城、京口(今江苏镇江),到了京都建康(今南京)。他在建康道场寺住了五年后,又来到荆州(今湖北江陵)辛寺。他一直紧张艰苦地进行着翻译经典的工作,共译出了经典六部六十三卷,计一万多言。

在抓紧译经的同时,法显还将自己西行取经的见闻写成了一部不朽的世界名著——《佛国记》。《佛国记》全文九千五百多字,别名有《法显行传》、《法显传》、《历游天竺纪传》、《佛游天竺记》等。它在世界学术史上占据着重要的地位,不仅是一部传记文学的杰作,而且是一部重要的历史文献,是研究当时西域和印度历史的极重要的史料。法显去印度时,正是印度史上的黄金时代——芨多王朝(320－480年)有名的超日王在位的时代,关于芨多王朝古史缺乏系统的文献记载,超日王时的历史,只有依靠《佛国记》来补充。中国西域地区的鄯善、于阗、龟兹等古国,湮灭已久,传记无存,《佛国记》中所记载的这些地区的情形,可以弥补史书的不足。《佛国记》还详尽地记述了印度的佛教古迹和僧侣生活,因而后来被佛教徒们作为佛学典籍著录引用。此外,《佛国记》也是中国南海交通史上的巨著。中国与印度、波斯等国的海上贸易,早在东汉时期已经开始,而史书上却没有关于海风和航船的具体记述。《佛国记》对信风和航船的航路都有详细描述和系统记载。

所以说,东海崂山是高僧法显的再生福地,佛家法显为人文崂山增光添彩,法显与崂山有着不解之缘将永载史册,万古流芳。

元朝胶莱运河漕运

元十七年(1280年),有一个在朝廷中书省任职叫姚演的莱州人,根据他平素对山东河流水势及地理的考察研究,向朝廷提出了一个利用胶河下游河道和新开一段人工河的方法,开凿一条南通黄海胶州湾、北通渤海莱州湾的水道,使江南漕船由黄海通过胶莱水道直接进入渤海,然后北上直达直沽的建议,以解决海运漕船绕道山东半岛、海路遥远、海难频繁发生的问题。姚演这一诱人的建议立即得到元世祖的赞赏和批准,随即下诏开挖胶莱运河,并任命姚演为总管,全面负责运河的工程设计与施工。又任命益都路宣慰使、都元帅阿巴赤为监督,征调益都、淄莱、宁海(今牟平)3州的民夫和屯驻附近的兵士各万余名,动工开凿胶莱运河。在开挖胶莱运河时,朝廷除拨银万锭外,还下令免除益都、淄莱、宁海3州1年的税赋,以充征调、雇佣开河民工之用。

姚演设计开凿的胶莱运河是以高密东北隅的窝铺为界,以向南开挖新的人工河道和向北疏浚原有自然河道分向齐进的两个工程。在北部利用胶河到高密北部窝铺折向西北,直达渤海莱州湾的这一段自然河道,进行加深、加宽和疏浚,使这一段自然河道符合通航要求。在南部则在胶河转折处,向东南方向开挖一条新的人工河,使之直达黄海的胶州湾。疏浚后的胶河下游河道与新开挖的人工河道对接以后,就成为了完整意义上的"胶莱运河"。

经过两万兵、民历时两年的日夜施工和艰苦开凿,到至元十九年(1282年)八月,南起胶州陈村河口,北至莱州湾海仓口的300里水道的胶莱运河全线贯通。《元史·海运志》载:"凿池三百余里,起胶西县(今胶州)陈村河口,西北达胶河,出海仓口,谓之胶莱新河。"胶莱运河全线打通后,元世祖立即下诏试航。试航时发现,河道虽然符合通航要求,但河窄水浅,河水水量不足,漕运量不大,试航当年,仅运粮2万石。

次年(1283年),元世祖再令阿巴赤扩开胶莱河。阿巴赤在对河道全面加宽加深的同时,又北引平度之白沙河水,南引平度南村东之沽河水,导入运河,使胶莱运河水量大增。为了蓄存河水和调节水位以保证漕船通行,阿巴赤还自胶州湾陈村河口起,沿运河河岸在胶州、高密、平度、莱州境内分别建起了陈村、吴家口、窝铺、亭口、周家口、玉皇庙、杨家圈、新河、海仓口共九座水闸,使胶莱运河漕运能力及规模迅速扩大。史称其时"岁运米达60万石",占江南运往大都漕米的60%。

为加强对胶莱运河的管理,元世祖设立了胶莱海道府,任命阿巴赤为胶莱漕运使,专司漕运事宜和河务管理,下辖水手、军人2万,船千艘。胶莱海运盛极一时,来自江南成队的漕船,满载粮米,不再涉大洋,绕成山,只需进入胶州湾,便可随海潮入新开人工河道逆水西上。进窝铺闸后,转西北顺流而下,出海仓口,入渤海莱州湾,然后向西北方向直达直沽。

今日胶莱河

　　胶莱运河通航不久,就暴露出许多严重的缺陷。其中致命的缺陷有两个:一是胶河与人工开挖河段交接处的部分河段,地势较高,雨水丰沛季节漕船可通行无阻,但到枯水季节,漕船则经常搁浅;二是南北两河口处海沙淤积严重。特别是通往胶州湾的南河口处,有一段叫马壕的山谷,皆是石冈,坚硬如铁,难以凿通,漕船只好绕道薛家岛东的淮子口进入胶莱运河,而淮子口处又礁石林立,海沙淤塞严重,经常造成船毁人亡。因解决这两个问题的工程十分艰巨,耗资巨大,加上此时连接江南到北京地区的南北大运河已基本上凿通,很大一部分漕粮已不需要海运,这样一来"胶莱海运"便被湮废了。至元二十七年(1290年),元世祖下诏"罢胶莱海运事",阿巴赤调京任职,胶莱运船和水手也都调到京杭大运河等地他用,终元一代的"胶莱海运"终止。

　　元代胶莱海运虽然短暂,却是中国古代漕运和水利史上的一个重要创举。它不但创造性地解决了海上运输的难题,而且还带来了沿河两岸经济贸易文化的繁荣,特别是当年沿河所设水闸和水手、兵士屯驻之处,以后都发展成为重要的村镇和渡口,留下了许多宝贵的自然文化遗产和遗址。

上海港

上海港位于长江入海口的沉积平原，在长江三角洲前缘，居我国18000公里大陆海岸线的中部、扼长江入海口，地处长江东西运输通道与海上南北运输通道的交汇点，是我国沿海的主要枢纽港，是我国对外开放、与国际经济大循环的重要口岸。上海市外贸物资中99%经由上海港进出，每年完成的外贸吞吐量占全国沿海主要港口的20%左右。作为世界著名港口，2010年上海港货物、集装箱吞吐量均位居世界第一。荣获中国世界纪录协会世界货物吞吐量最大的港口世界纪录。

上海港属亚热带海洋性季风气候。受冬、夏季风交替影响，四季变化分明。全年温暖多雨。年平均气温约16度，年降水量约1148.8毫米。全年以东南风为主，强风向为东北风。台风多发生在夏秋之季，风力在10级以上的强台风平均两年一遇。市区全年平均雾日43.3天，长江口24.2天。多数情况下，雾的持续时间为2至3小时，对港内航运、装卸影响不大。百年来航道没有发生冰冻现象。黄浦江系感潮河流，属非正规半日潮，一天两潮。长江口潮汐属正规半日周潮，一天两潮。平均潮差为2米至2.5米。

上海港依江临海，以上海市为依托、长江流域为后盾，经济腹地广阔，全国31个省市（包括台湾）都有货物经过上海港装卸或换装转口。

上海港的主要经济腹地除了上海市以外，还包括江苏、浙江、安徽、江西、湖北、湖南、四川等省和重庆市。

上海港的水陆交通便利，集疏运渠道畅通，通过高速公路和国道、铁路干线及沿海运输网可辐射到长江流域甚至全国，对外接近世界环球航线，处在世界海上航线边缘。另外，上海还有发达的航空运输。

港口经营业务主要包括装卸、仓储、物流、船舶拖带、引航、外轮代理、外轮理货、海铁联运、中转服务以及水路客运服务等。港口主要经营

上海港国际客运中心

的货类为集装箱、煤炭、金属矿石、石油及其制品、钢材、矿建材料、机械设备等。

上海市内河港区共有3250个泊位,最大靠泊能力为2000吨级。

悠久的港口历史

港口形成于隋唐,定位于宋及明,兴于清前期,壮大于清末民初,繁荣于新中国,尤其是改革开放后。雄居中国大陆港口一个半世纪,并已跻身世界港口前列,为上海城市形成与发展,为长江流域开发与崛起,为中国与世界的贸易往来作出了积极的贡献。

上海地区港口孕育甚早。河网纵横,水运便捷,早在西晋以前,吴淞江入海口已有渔业生产和水上军事活动,或渔港,或军港。然就商港而言,形成于隋唐两朝在此设镇立县之时。初始,黄浦江尚未形成,港口位于吴淞江支流顾会浦通达的华亭镇及吴淞江入海口的青龙镇。在宋代,华亭镇港和青龙镇港都曾经是对外贸易口岸。

南宋中期,港口位置逐渐向海口迁移,间有海船停泊于上海浦,越百年,遂成人烟密集、海舶辐辏的港口市镇。约在宋景定末年至咸淳初年(1264－1265年),上海建镇并设置市舶提举分司,港与城同步形成,并名列全国七个水路口岸之一。

明永乐初年,治水开河,形成黄浦江新航道。至明代中期,黄浦壮阔,海轮可直抵城下。藉此优良航道,上海港控江襟海,占据了江海中转最有利的位置。加之苏松地区棉花种植与纺织业兴盛,棉布输往全国,成为中国资本主义萌芽最早孕育的地区。故虽有倭寇侵骚和闭关锁国交相干扰,仍难以阻止港口前进步伐。清康熙年间一开海禁,即在上海设立江海关,成为四大口岸之一,进出口船舶倍增。乾隆年间全国只许广州一口开放,江海关不再对外,上海港外贸运输一度中断,但作为海港发展的其他基本条件没有改变。到鸦片战争前夕,上海港已成全国最主要的江海中转枢纽港,有沙船数千艘,被誉为"沙船之乡";货物吞吐量已接近200万吨,其中内贸吞吐量已跃居全国首位;从事装卸的人数达万余。城市依港而兴,人称"江海之通津,东南之都会"。

清道光二十年(1840年)爆发的鸦片战争,使中国的历史发生了重大转折,"天朝帝国万世长存的迷信受到了致命的打击,野蛮的、闭关自守的、与文明世界隔绝的状态被打破了"(马克思语)。中国的广阔市场渐次被迫向外国资本主义敞开,上海港是最早开放的五口之一。作为外国资本主义入侵和正常的中西贸易的主要渠道,港口一开始就处于侵略与反侵略、掠夺与反掠夺、文明与传统、先进的生产方式与落后的生产方式等一系列矛盾冲突之中。一方面上海港较早地受到外国入侵者的染指和控制,一系列不平等条约迫使其演变为半殖民地港口,殖民主义者制定了有利于外国船舶的港口管理章程,任命外籍港务长,划定洋船停泊界,设立水上武装警察;勾结封建把头残酷压迫和剥削码头工人;并利用港口倾销洋货、掠夺土货,无穷无尽地吮吸着中国人民的血汗。另一方面,港口直接对外的有利条件使其较早地接触了西方发达的资本主义商品经济及其相对先进的物质文明,逐步纳入环球航运体系,较早地开始了港口近代化的历程。在开港后短短十年间,中国对外贸易的重心便从广州转移到上海,上海港从此开始了其作为中国第一大港的历史。

第二次鸦片战争以后,长江和北方沿海港口相继对外开埠通商;苏伊士运河通航,缩短了欧亚航程;轮船成为主要的运输工具。这些航贸巨变,促进了上海港航运地位的提高和港口设施的近代化。港口对内对外的辐射面都有很大的拓展。对内,通过天津、营口等港与北方内陆相连,通过汉口、重庆等港与西南、西北相通,扩大了港口间接经济腹地,提高了国货集中和洋货消纳的能力,使上海港成为进出口商品中转的大枢纽;对外,远程国际航线逐步增加,与广阔的欧美国际贸易市场的联系日益密切。外国在华航运势力以上海港为基地,建立了众多的轮船公司,垄断了中国沿海沿江的航运。外商开始兴建轮船码头,港区扩展至虹口和浦东沿江;驳船运输、航标设置等都有所发展。在港口与航运的带动下,上海城市外向型经济结构逐渐形成,近代商业、金融业、加工业和公用事业与港口互相促进,同步发展。甲午战争之后,上海近代工业加速发展,尤其是第一次世界大战为民族工业的崛起提供了良好的机遇,在黄浦江和苏州河港区旁形成了沪东工业区、沪南工业区和沪西工业区,为上海成为全国工业中心奠定了基础。当时万吨轮逐步成为远洋运输的主要船型。为此,从光绪三十二年至民国九年(1906－1920年),上海港先后在荷兰工程师奈格和瑞典工程师海德生的主持下,对黄浦江进行了大规模的航道整治,筑堤坝束窄河宽,在吴淞口建造了吴淞导堤;在高桥河段开挖了新航道,极大地改善了黄浦江的通航条件,满足了万吨轮进出港口的需要,而且保持了长期稳定的状态。从光绪三十四年建成万吨级蓝烟囱码头(今民生路码头)起,较大规模的建设一直延续到民国二十三年,部分木结构码头和趸船式浮码头被钢筋混凝土框架结构码头所取代,并添置了部分起重机械;许多小码头被兼并;基本适应了港口装卸业务发展的需要。一批万吨级码头相继建成,港口规模不断扩大;沪宁、沪杭铁路先后通车,汽车投入营运,港口综合集疏运系统初步形成。至19世纪20年代,无论是港口集疏运条件、航运企业的运力或航线、港口的投资环境包括港口城市在金融商业方面的水平,还是港口自身的通过能力(包括整治后的航道,码头设施等),都已具备成为国际贸易大港的先决条件。民国年间,上海港进出口船舶净吨位已位居世界港口第十四位;民国二十年更跃居第七位,港口货物吞吐量达到1400万吨。

民国十四至二十二年,经上海港完成的外贸进出口货值平均占全国港口的55%,国内贸易货值平均占全国港口的38%。民国二十二年,上海港从国外进口煤油7400万加仑,占全国煤油进口量的39.6%;民国二十三和二十四年每年进口汽油2400万加仑,分别占全国汽油进口量的62.5%和60.1%;进口的国外小麦占全国小麦进口总量的84%以上;运出的棉布占全国轮船运输流通总量的3/4。至民国二十五年,以上海港为起讫港或中继港的航线总计在100条以上,上海港已经是远东的航运中心。在航运中心的支撑下,上海市成为远东金融中心、商业贸易中心和文化中心,成为国内最大的近代工业基地;沿长江形成了以上海为"龙头",以南京、武汉、重庆为中心,包括一批开放口岸,由东向西推进的沿江商业贸易走廊;对外贸易方面形成了以洋行为核心,航运、港口、贸易一体,从国外到国内经济腹地都有自成体系的货源组织和中转、联运、销售的网络。上海港的自然地理优势得到了相对充分的发挥。

民国二十六至三十八年,上海港被卷入战争的动荡之中。卢沟桥事变将中国人民拖入了战争的苦海。八一三事变日军进攻上海,终止了港口上升的势头而走向衰落。港口管理部门逐渐沦落于日本侵略者之手。港口在军事上成为日军发动侵略战争的桥头堡和补给站;在经济上成为其掠夺中国资源和财富的重要中转基地。特别是民国三十年十二月太平洋战争爆发后,上海完全沦陷,上海港也随之成为由日军完全控制的殖民地港口,码头、仓库、装卸设备均遭到严重破坏。远东的金融、贸易、航运中心逐步从上海转移到了香港。抗日战争胜利后,在全国各业出现复苏的形势下,以上海港为中心的国内外航线得到较快的恢复,客货运输业务一度相当繁忙。然而,在国民党发动全面内战以后,上海港很快成为国民党军队运兵运械,发动内战的重要基地;尤其是上海港所依托的城市及广大腹地内的经济迅速恶化,致使商货运输清淡,南北交通阻隔,远洋航线也因外商转向香港而处于停顿状态,港口日趋衰落。

上海港的早晨

　　1949年5月上海解放，新中国成立，揭开了上海港历史的新篇章。港口主权回到人民手中，昔日牛马不如的码头苦力终于当家做了主人。装卸机械逐步添置，大大减轻了工人的劳动强度，增加了安全系数。上海港的历史从此揭开了新的一页。经过解放初的3年恢复期，70年代大建港和党的十一届三中全会以后的建设，上海港有了很大的发展。特别是改革开放以来，上海港在上海市政府和交通部支持下，在黄浦江内新建了张华浜、军工路、共青、朱家门、龙吴五个港区，在长江口南岸建了宝山、罗泾和外高桥港区。此外，宝钢集团、石洞口电厂、外高桥电厂等也各自建了专用码头，上海港吞吐能力不断扩大，对上海市的建设和长江流域以及全国经济发展发挥了重要的促进作用。

　　1995年12月，党中央、国务院作出了建设上海国际航运中心的战略决策。2005年12月10日，洋山深水港区一期工程建成投产，洋山保税港区同时启用，标志着上海国际航运中心建设取得重要的阶段性成果。

　　经过半个多世纪的建设和发展，上海港已成为一个综合性、多功能、现代化的大型主枢纽港，并跻身于世界大港之列。

上海最早对外贸易港——青龙镇

　　上海港地处我国东部海岸线的中心部位，太湖流域的前哨，长江入海口的咽喉。特定优越的区位条件，是上海港兴起的地理背景。当唐、宋之际长江中下游商品经济发展到一定程度时,上海港就应运而起。但最初的上海港并不在今天的上海老城(旧南市区),而是在今天的青浦区吴淞江畔的旧青浦,名曰青龙镇。

唐末五代以后,随着太湖流域商品经济的发展,需要寻找一个海上贸易的港口,上海地区第一个对外贸易港青龙镇就应运而生。青龙镇具有良好的海上贸易的地理条件。《绍熙云间志》卷上云:"青龙镇去(华亭)县五十里,居松江之阴,海商辐辏之所。"当时的吴淞江是一条深阔的大江,所谓"吴淞古江故道,深广可敌千浦",南北两岸的"塘浦阔者三十余丈,狭者不下二十丈,深者二三丈,浅者不下一丈"。两岸众多支流汇入吴淞江后,江面浩瀚,自青龙镇以东江面呈一喇叭形,海面称华亭海,海潮自吴淞江口至此形成涌潮。青龙镇北濒吴淞江,向西可以上溯至太湖地区的政治、经济中心苏州吴县,向东可以通往大海;南面与华亭县城(今上海市松江区城)之间也有极为便利的水运交通。庆历二年(1042年)章岷《重开顾会浦记》云:"直(华亭)县西北走六十里趋青龙镇,浦曰顾会,南接漕渠,下在松江,舟舻去来,实为冲要。"乾道二年(1166年)许克昌《华亭县河置闸碑》:"浚通波大港以为建瓴之势……乃浚河自竿山达青龙港二十有七里,其深可负千斛之舟。"顾会浦或称通波大港,即今通波塘,是宋代沟通华亭县与青龙镇之间的内河航道。总之,作为一个海上贸易港口所需要的地理条件,青龙镇全都具备了,因而就成为上海地区的最早海上贸易港。

青龙镇设置确切年代已无可查考。据《绍熙云间志》记载,北宋景祐年间(1034—1037年)改由文臣理镇事。众所周知,作为地方行政制度的镇,始于北魏,是一种军事性质的行政区划,沿袭到唐代。北宋景祐年间改由文臣理镇事,说明此前是由武臣理镇事的,估计初置于五代或宋初(10世纪)。明嘉靖《上海县志》说置于唐朝天宝五年(746年),恐失之过早。华亭县是天宝十年才置的,青龙镇不可能早于华亭县。

青龙镇地属秀州华亭县。宋人说华亭县据江瞰海,富室大家、蕃商舶贾交错于水陆之道,为东南第一大县。它的海上港口就是境内的青龙镇。其实青龙镇不仅是华亭县的海上贸易港,也是当时整个太湖流域的海上贸易港。唐宋时太湖流域的经济中心在苏州,但苏州东不临大海,北不濒长江,海上交通靠的是福山、青龙两个港口,而青龙港的港口条件远胜于福山,所以远洋而来的"珍货远物",大多通过青龙镇"毕集于吴之市"。

古镇石板桥　　　　　　曾任青龙镇镇监的米芾

11世纪中叶(北宋嘉祐年间)青龙镇的商业海上贸易已经相当发达了。据嘉祐七年(1062年)青龙镇上《隆平寺宝塔铭》记载:周边杭、苏、湖、常等州几乎每月都有船只前来贸易,稍远的福、漳、泉、明、越、温、台等州,一年也至少来两三次,两广、日本、新罗每岁一至。熙宁年间秀州辖区的9个税场中,青龙镇的商税额仅次于州城(秀州城),占第二位,超过了华亭县税场。到元丰年间,青龙镇的贸易有进一步的发展,陈林《隆平寺藏经记》云:"青龙镇瞰松江上,据沪渎之口,岛夷、闽、粤、交、广之途所自出,风樯浪舶,朝夕上下,富商巨贾,豪宗右姓之所会",成为四周"海商辐辏之所"。可见,那时青龙镇更胜唐代,已是远近闻名的国际性港口。

因对公私均有所惠,故在大观年间(1107－1110年)改名通惠镇(南宋绍兴元年复旧)。青龙镇海上贸易的兴盛,引起了北宋政府的关注,政和三年(1113年)就在华亭县置设立了管理海上贸易的市舶务,是两浙市舶司下的分支机构,职掌来港外商船舶,征收商税,收购政府专卖品和管理外商事务,青龙镇的海外贸易即受其管辖。以后海外来青龙镇贸易的船舶越来越多,每每要派华亭市舶务去青龙镇抽解、榷货,十分不便。

南宋建炎四年(1130年)就将原置于华亭县的市舶务迁往青龙镇。绍兴二年(1132年)又将两浙市舶司从杭州迁至华亭县。绍兴三年(1133年)记载,两浙提举市舶司下有临安府、明州、温州、秀州华亭、青龙镇五个市舶务(场)。南宋青龙镇因海上贸易兴盛,镇市规模相当可观。据文献记载,镇上有36坊,有镇学,有酒坊,茶、盐、酒等务都在镇上置有税场,并置有水陆巡检司。镇治堂宇及市坊中坊巷、桥梁、街衢井序,犹如一县城。人口杂处,百货交集,所谓"市廛杂夷夏之人,宝货当东南之物",市容繁华,时人誉为"小杭州"。

南宋中叶以后,青龙镇的海上贸易渐趋衰落,其表现为乾道二年(1166年)六月撤销了设在华亭县的两浙市舶,其辖下的五个市舶务(华亭、青龙二务合一,置在青龙镇;绍兴十五年又于江阴增置市舶务,另为临安府、明州、温州三务)的管理事务由两浙路转运使兼任。不久两浙市舶司贸易中心移至明州(今浙江宁波市),绍熙元年(1190年)后,临安府市舶务撤废,庆元元年(1195年)后秀州、温州、江阴三处市舶务也撤销,两浙地区的市舶机构只剩下明州一处了。

吴淞江孕育了上海港

吴淞江,最初称为松江。蒙元至元十五年(1278年)华亭府更名为松江府后,松江更名为吴淞江。上海开埠后,来沪外国人曾溯河往上,发现可以乘船直抵苏州府城,于是英文标准译名便为"Suzhou Creek"。1848年,上海道台与英国驻沪领事签订展拓英租界条约时,首度在正式文本中,将吴淞江称为苏州河,后来上海市区的民众也逐渐称之为苏州河。但苏州河北新泾开始的上游地区民众和教科书等官方仍称之为吴淞江。

昔日的吴淞江港口

　　唐代天宝五年（746年），吴淞江下游南岸的聚落演变为青龙镇，镇东临海，水面辽阔，具备良港条件。随着太湖地区经济的发展，青龙镇凭借居于江海要冲的优越地理位置，应运而兴跃为"浙西大港"。唐代不少诗人都留下了与之相关的作品，如白居易的《淞江观鱼》云："震泽平芜岸，淞江落叶波。在官常梦想，为客始经过"；杜牧的《吴淞夜泊》云："清露白云明月天，与君齐棹木兰船。风波烟雨一相失，夜泊江头心渺然"。青龙镇在长庆年间已很兴旺，苏州一带贡物均由此转口北运；大中年间，倭国（日本）、新罗（朝鲜古国）的海舶常进出港口，日僧圆仁的《入唐求法巡礼行记》也记录了由此登船归国的过程。

今日的吴淞江

　　古代吴淞江下游入海口处名曰沪渎，沪是捕鱼的工具，就是今天的竹栅。人们在吴淞江下游海口捕鱼为业，故称沪渎。沪渎的位置由海岸线的延伸而推移。六朝时沪渎在今青浦区的旧青浦西、古时青龙镇旁，六朝建都建康(今江苏南京市),太湖流域为心腹之地,沪渎成为海防要地,曾在此修筑沪渎垒,以防海寇。从六朝至唐代,太湖流域商品经济还不发达,吴淞江下游还不可能出现贸易港口。不过那时吴淞江已是苏州地区一条重要的出海航道,日本学者木宫泰彦《日中文化交流史》中说公元732、753、778年三次遣唐使返日,都是从苏州出海的。杜甫《昔游》诗有"吴门转粟帛,泛海陵蓬莱"句,皮日休《吴中苦雨因书一百韵寄鲁望》诗:"全吴临巨浸,百里到沪渎。海物竞骈罗,水怪争渗漉。"说明在唐代吴淞江不仅是苏州地区的出海航道,还是一个良好的渔港。

黄浦江水系的形成挽救和发展了上海港

自北宋后期和南宋开始,太湖水系东北古娄江排水道已丧失功能,东南东江故道也完全淤废,吴淞以南淀、泖一带湖水已改由东北折入吴淞江入海。而当时吴淞江下游河道因海潮带来泥沙大量淤积,江中沙洲发育,元时下游江口段又出现河沙汇,由于吴淞江中沙洲发育,水力分散,下游更淤废不堪,疏浚工程太大,一时不能见效,而太湖之水不能畅排,三吴地区经常发生水灾,于是就放弃对吴淞江下游的疏导,改引水从刘家港入海。元至元二十四年(1287年)太湖地区水涝为灾,宣慰朱清喻上户开浚吴淞江,自苏州"娄门导水由娄江以入于海,粗得水势顺下,不致甚害"。当时的舆论都认为吴淞江下游已无法开浚,决定避开吴淞江下游,使太湖之水由刘家港、上海浦等分泄入海。于是刘家港在元代和明初便成为太湖的主要泄水道和主要海上贸易港。

昔日黄浦江　　　　　　　　　今日黄浦江

上述局面如果长期维持下去,太仓、刘河将替代上海成为太湖地区的对外贸易港,上海不可能再有以后的地位。使上海再度兴起的,则是明初永乐年间黄浦江水系的形成。

虽然元代已开刘家港为太湖主要泄水道,但至明初,"虽有刘家港可以达海,奈以一港难泄众流之横溃,由是田畴时被浸没"。于是永乐二年(1404年)为消弭浙西水患,尚书夏原吉"自昆山东南下驾浦掣吴淞江水入刘家河,挑嘉定西顾浦引吴淞江水贯吴塘,由刘家河入海;浚常熟白茅塘引太湖诸水入扬子江;于上海东北浚范家浜接黄浦,通流入海"。

黄浦之名,始见《宋会要辑稿》食货八之八记南宋乾道七年(1171年)丘崈年言,当时是吴淞江南岸的一条小河,指今自龙华至闸港的一段黄浦江前身,下接上海浦注入吴淞江;上海浦即今黄浦区南部(原南市区旧城)至苏州河口的一段黄浦江前身,所以黄浦和上海浦是一条河流不同河段的异称。至于范家浜原为吴淞江下游入海口一段岔流,即今苏州河口至复兴岛南端、浦东庆宁寺一段黄浦江前身。今庆宁寺至虬江口的一段黄浦江为南跄浦的前身,今虬江口码头当为南跄口所在。永乐二年夏原吉开浚黄浦江,就是自大黄浦、上海浦与吴淞江汇合处(今苏州河口)向东接通范家浜,至南跄浦口,下走吴淞江北支在今吴淞口入海。至此,太湖之水分三条入海道的格局再次恢复。黄浦江成为太湖地区的主要泄水道,吴淞变成黄浦江支流,所以明人说:"今吴淞江口,即为黄浦口子"。

至于当时的吴淞江,因江中沙洲聚积,明时人称为"沙洪",将江道分为新江、旧江二支。黄浦水系形成之后,对上海港的再度兴起具有关键意义。清代康熙二十四年(1685年)在上海设立江海关,此后"往来海舶,俱入黄浦编号。海外百货俱集,然皆运至吴门发贩,海邑之民,殊无甚利"。这时上海港还是苏州地区的外港,是海外贸易的转运港。到了乾隆年间,上海港的地位渐次重要,"闽、越、浙、齐、辽间及海国船舶,虑刘河淤滞,辄由吴淞口入,城东船舶如蚁,舳舻尾接,帆樯如栉,似都会焉"。"凡运货贸迁皆由吴淞口进泊黄浦,城东门外舳舻相衔,帆樯比栉,不减仪征、汉口"。嘉庆年间,上海港已发展成内贸的枢纽港。"其海舶帆樯足以达闽、广、沈、辽之远,而百货集焉"。"诚江海之通津,东南之都会也"。此后上海港成为南北数省商舶交会之地,已不仅为苏州地区的外港,本身已自成一商贸都会了。1832年英国东印度公司职员林德赛(H. H. Lindsay),中文名胡夏米,受公司派遣,乘坐"阿美士德"号帆船从澳门出发沿中国东南沿海进行考察,从吴淞口进入上海城,他们看到在上海城外(黄浦)江面上停泊着无数大小、式样不一的中国帆船。宽敞的码头和巨大的货栈占据了江岸,泊岸的水深足能使帆船停靠和沿码头卸货。他们连续观察的7天时间内,经吴淞驶向上海,100吨至400吨不等的船在400艘以上,多数来自天津和东北各地,运的是面粉和大豆,自福州来的每天也有三四十艘,其中不少来自台湾、广东、东印度群岛、交趾支那和暹罗。于是感叹道"上海事实上已成为长江的海口和东亚主要的商业中心,它的国内贸易远在广州之上"。

当时上海港区主要集中在原南市旧城区的大、小东门和大、小南门外沿黄浦江的弧形圈内,亦即今起南码头,北至十六铺这一地段。鸦片战争前,从十六铺到南码头不到二三公里长的黄浦江西侧,建有公私码头20余座。由于临近港区,货物交易频繁,于是从十六铺至南码头就形成繁荣昌盛的商业区,街道纵横,店铺林立,并与各地行商来沪贸易有关的牙行、会馆、公所在1841年前就有60余所。总之,鸦片战争以前上海因黄浦江的贸易发达,成为东南一大都会。

1843年上海开埠以后,外国航运势力竞相进入上海港。1843年底到上海港的有7艘外国货轮。1844年抵港的外轮就有44艘,共8548吨。1845年增至87艘,共24396吨。1852年为182艘,共78165吨。1855年7月至1856年6月,到上海港的外轮急增至489艘,合计155587吨。由于十六铺至南码头一带已为中国船只停泊之处,舳舻相接,窒无隙地。于是划定今北京路至延安东路(原名洋泾浜)之间2900英尺沿黄浦江西岸一侧江面,为外轮的抛锚、靠泊、装卸的区域,上海港区渐次向北黄浦江下游延伸。

从1858年签订《中英天津条约》到1895年签订《中日马关条约》的近

四十年中，上海港发生了重大的变化。具体表现为外轮骤增，黄浦江几乎成了外轮的天下。而且外轮多为轮船而非过去的帆船，对码头的要求也高。这时从南码头至北京路一带外滩已无隙地可再建造码头、仓库，只有向外滩以北黄浦江岸发展。1861年，英商宝顺洋行在虹口建造宝顺码头，美商旗昌洋行在虹口建造旗昌码头。1864年在虹口建成公和祥码头。到1870年左右虹口一带建立了十处近代化大型码头。以后因浦西岸线有限，外商又向浦东沿江建造码头、仓库。浦东原非租界，外商无权在此建造码头、仓库。然而外商依靠强权和领事的支持，强迫上海道台同意在浦东购置地皮，兴建码头和仓库。1873年招商局成立，也是在浦西和浦东建造一系列码头和仓库。于是从南码头至虹口港的黄浦江东西两岸形成上海港的中心区。到20世纪30年代的抗战前夕，上海港的吨位仅次于纽约、伦敦、神户、洛杉矶、汉堡、大阪港，占第7位。上海港已跻身世界大港之列。

上海港最早的航标——青龙塔

青龙塔坐落在上海市青浦区青龙古镇。据史料记载，古代青龙镇是扼吴淞江沪之口，为江海之要冲。三国东吴孙权曾在这里屯兵操练水师、名满天下。

唐天宝五年(746年)所设的青龙镇(现属上海市青浦区白鹤镇)，是上海最早的出海贸易港。

作为上海地区最早的河口海港和苏州的通海门户，宋代青龙镇港更是"海舶辐辏，风樯浪楫"，成为当时的"江南第一贸易港"。

被誉为上海港最早的航标——青龙塔见证了上海最早的对外交往和贸易的繁盛，这个当时被称为"小杭州"的繁荣商镇，首次展示了一种上海"海纳百川"的胸襟和力量。

青龙塔建于唐长庆元年(821年)，砖木结构，平面八角形，七级，残高约 30 米。现今,塔刹已遭雷击而毁,塔身倾斜,一派苍凉。而塔旁的浩浩青龙港,如今只剩下一条蜿蜒的小溪,让人感慨岁月沧桑。

青龙塔

上海港码头号子

　　上海港码头号子是码头林立的黄浦江畔传唱的劳动者之歌。码头号子承载了劳动者顽强的生命力,也见证了上海港码头的历史变迁。上海港码头号子已入选国家非物质文化遗产名录。

　　唐宋时期,上海地区的主要港口在吴淞江入海口的青龙镇(今上海市青浦县东北),后因吴淞江河道淤浅,港口作业逐渐从青龙镇转移到上海浦。1843 年 11 月,上海被辟为"通商"口岸。1853 年,中国对外贸易的重心从广州转移到上海,1870 年后成为中国航运中心。1931 年,进出口吨位居世界第 7 位,成为远东航运中心。

随着旧上海"远东航运中心"地位的确立和工业城市的发展,那些从五湖四海来的包括大件、特大件、笨重和超重的货物,全部压在了码头工人的肩上,码头工人在劳动中迸发出来的号子,是经百年流传下来的一种劳动的歌声,它是工人们从事繁重的体力劳动,身体受压迫时的呐喊。它见证了中国的历史变革,唱出了劳动人民的辛酸。

码头的工人们　　　　　　辛劳的码头工人

码头号子有其独特性和唯一性。码头号子因不同的搬运物件和搬运环境,有很多种类型;所唱的号子也由于各地方方言语音的不同,形成了独特的带有各地特色和各派风格的码头号子。传承方式是一种自然传接的"劳动传承"。号子指挥大家统一步伐、协调动作,是一种艺术化的劳动指挥号令。它的节奏与劳动节奏完全契合,是所有民歌中与生产劳动实践关系最紧密的。唱者都是男性,"领""和"结合,音区宽广、嘹亮,多高音区,尽显阳刚之美。

2007年5月,《上海港码头号子》登上了第二批上海市非物质文化遗产保护名录榜;2008年《上海港码头号子》入选国家级非物质文化遗产名录。随着现代化工业文明的进程、港湾生产机械化程度的提高,繁重的体力劳动已逐渐被机器所替代,当年肩扛手拉的上海老码头工人都已年逾古稀,工人们搬运货物时所唱的号子,也随之渐渐地消失了。为此,该项目亟需抢救保护。

宁波港

宁波是我国东海的门户，位于浙江省的东北部，是我国最古老的商业城市和外贸港口之一。宁波简名甬，古时称明州和庆元府，又称明州。明朝时，因避明国讳改称宁波府，取"海静则波宁"之义。

宁波属季候风范围内，冬季多北风、西风和西北风；夏季多东风、南风和东南风，良好季风的季风条件，为古代海上船舶航行提供了便利。远在公元前5世纪的周朝，这里已经是海道运输的要口了。古时，宁波就是重要的海运外贸港和军港。现在，在海运和海防上宁波也占有重要的地位。

宁波港

宁波是个好地方。天时地利，得天独厚，对宁波经济的发展起了很大作用。

先说天时：宁波气候温暖湿润，四季分明，属业热带季风性气候。冬夏两季较长，各约4个月，春秋较短，各约2个月，常年无霜期240天左右。春风时雨，万物萌生；夏口酷热，稻黄麦熟；秋高气爽，喜看丰收；严冬瑞雪，杀虫利农。

宁波雨量充沛，高温期和多雨期一致，对农业生产十分有利。这样

中/国/名/港 081

温暖湿润四季分明的气候对人们有节奏的生活,促进新陈代谢,增进健康,也是十分有利的。

再说地利:宁波位于东海之滨,全国大陆海岸线的中段和宁绍平原的东端。又是长江干线、南洋干线和北洋干线的水运交叉点。北到天津、南到香港、西进武汉、东去日本,都在它的700海里圈中,对朝鲜、日本和东南亚交通都很方便。宁波又是萧甬铁路的终点站,与全国铁路网连成一片,陆域广阔。

宁波为宁奉、宁绍平原的一部分。平原区由于江河冲积物沉积和浅海沉积物经过长期种植水稻和施肥,发展成为水稻土,宜于种植水稻。境内河道交错,密如蛛网,不仅是灌溉农田的血脉,而且也是物资交流的通道,所以阡陌交通,田园锦绣,物阜民殷。

白麻筋草席

宁波物产丰富,传统的名产有鄞县黄古林席草,自唐开元以来已有1200多年的历史,白麻筋草席更是驰名国内外。贝母于明清时由象山移入鄞县樟村鄞村一带,由象贝改称浙贝,是中药珍品。象山珠山产的"白毛尖"茶叶也很有名。还有宁海放养蛏子已有300多年的历史,又以长街所产的最为著名。此外,奉化的水蜜桃、蚶子,鄞县的小白西瓜、宁海梅林鸡、象山大白鹅、镇海庄市长面等,都是本地特产的上品。

宁波地临东海,出镇海口,就是所谓的"外洋",雄峙在口外的有虎蹲山,蛇门山,北面有大小游山和七里屿。再往东南就是舟山群岛,为宁波的天然屏障。舟山群岛港汊密布,海藻丛生,是鱼类的"卵育之乡",是富饶的渔场。

象山港在鄞县、奉化，和南面的宁海、象山之间，"左顾舟山，右控三门"，地理位置十分重要。外以六横岛为屏障，内以高泥港作船坞，东塔嘴与西塔嘴环抱港口，像一对蟹钳，环护港湾。港内周围有14海里，是天然的良好军港。

天时加地利，宁波古代经济发展可说是得天独厚。我国古代劳动人民正是依赖这良好的条件，谱写出一幕幕经济贸易的精彩篇章来。

悠久的港口历史

宁波与海外通商的历史由来已久，早在秦汉时期就已与海外有贸易交往，唐宋以来即为我国对外交通和贸易的重要口岸。

在唐代的中后期，明州的海外贸易发展得已经相当繁荣，"海外杂国贾舶交至"，江厦码头一带"帆樯如林"，"镇鼓相闻"。随着对外贸易的发展，为进一步加强对外贸易的管理，唐政府还在明州设立了专门管理外贸（兼理外事）的机构——市舶司，隶属于浙江市舶务。

外贸在古代时称为"市舶"，市舶官署叫做市舶司或市舶提举司，主管市舶司的官员称市舶提举使或市舶监。

庆安会馆——宁波舶商聚会之所

当时从明州登岸与我国进行贸易的国家，除有日本、高丽外，还有南洋（东南亚）的一些国家。唐代从明州进行对外贸易，出口的主要商品有瓷器、佛经、佛像、药材以及骨木嵌镶等精致工艺品。瓷器中以越窑青瓷最负盛名。从明州出口的瓷器，远销至日本、朝鲜、泰国、印尼、伊朗、索马里和西班牙等20多个国家和地区。工艺品也是明州的传统出口商品之一，如日本正仓院珍藏的骨木嵌镶的红木棋盘和双陆盘（古代赌博器具的一种），就是唐代明州的商品。

从明州进口的商品主要有砂金、水银、玳瑁、琥珀、象牙、油、蜡、香料、樟脑、槟榔、吉贝尔等。

到五代时，将市舶司改称为博易务，但是职能没有改变。

为了方便商务来往，在宋代，政府还在明州设立了高丽使馆和波斯馆，作为政府接待外宾外商的专门处所。高丽使馆又称高丽使行馆、来远局，当地人俗称为东番驿馆。高丽使馆主要接待朝鲜、日本的使者和商人。波斯馆则主要接待阿拉伯人及西方商人。据考证，波斯馆就在现在宁波的车轿街南端。

古时候管贮存进出口物资的外贸仓库叫做市舶库，属市舶司管辖。北宋初期宝庆三年（1227年）重建明州市舶司官署时，市舶库也相应地进行了扩大，东西前后共有4库28间，这些仓库分别用"寸地尺天皆入贡，奇祥瑞异皆来送，不知何国致白环，复道诸山得银瓮"28个字分别标号。

宋代的明州为全国3大外贸口岸之一，城区主要码头有来远亭、江厦、甬东司3处，在镇海口还有招宝山码头，在招宝山码头还有两艘宋政府为了接待朝鲜和日本等国使者而特地造的大型游船，称为"百舵画舫"，以供外商游玩宁波时乘用。

元代时明州改称庆元，仍是我国的一个主要海运和外贸口岸。1980年在韩国西南木浦海面的一艘古代沉船中，打捞起1200多件中国的瓷器和铜器。在一个铜质的砝码上，还刻有"庆元路"的字样。据考证，这只沉船曾到过宁波，或者是从宁波港出发的，驶往日本，途中在朝鲜半岛南端遇到风浪，飘到木浦海面沉没的。由此可见当时宁波出口的货物有多么多。

元代的市舶库仍设在宋代市舶库的旧址，只不过为适应外贸的发展，在原有28间仓库的基础上，又添造了门楼3间，规模进一步扩大。

到明代时，海禁就比较严格了，出海通商受到禁止，但对外国的船只进港，包括以"进贡"名义进行贸易的船只并不禁止，宁波的市舶提举司也仍然保留着。明代中期以前，日本的来使比较频繁，明宪宗成化年间，日本著名画家雪舟曾以从僧的身份来过宁波，他所绘的《天童寺图》，至今还珍藏在日本。还有一个曾经在嘉靖年间两次到过宁波的学问僧叫策彦，他精通汉学，特地把他编成的一本名叫《城西联句》的诗集带到宁波，请当时的著名书法家丰坊为其作序。现在日本京都天龙寺妙智院还珍藏着宁波画家送给策彦的《谦斋老师归日域图》，图书所绘的就是当时在东渡门外三江口送别时的情景。

宁波的对外贸易也不是一帆风顺的。明嘉靖二年（1523年）就发生了日使争贡的事件。当时倭寇抢劫东库，放火焚烧嘉宾堂（宾馆），杀死我国边防持领多名，人民死伤无数，宁波惨遭洗劫。倭寇行恶后，夺船出西霍山洋，向海上逃去。此事件传出，震惊朝野。于是朝廷下令停止市舶，撤销了宁波市舶司，从此宁波基本上处于闭港状态，失去了往日繁盛的景象。

清代初年起改市舶司为海关，浙江的海关就设在宁波。康熙三十七年（1698年），在舟山本岛定海（当时属宁波府）又设立了接待西方商人和外事人员的"红毛馆"；同时又将甬东巡检司署改建为四明驿丞署，成为清代在宁波的宾馆，宁波的外贸才逐渐有些恢复。

清代的外贸仓库改称为海仓馆。宁波的市舶库，从宋代至清初一直设在灵桥门内，库址未变。

清代从宁波开往长崎的宁波船

可是好景不长,到了乾隆二十二年(1757年),清政府再次下令关闭浙江海关,严禁洋船到浙江,宁波再次陷入萧条之中。

宁波的对外贸易,持续时间较长,始于秦汉,到唐代有了进一步开拓,到宋代和元代达到全盛,在明代一度中衰,虽然在清代前期有所恢复,但一直没有恢复到宋元两代时的繁华程度。

宁波在历代与海外通商中,一直是个重要的港口,宁波人民在与世界各国人民的友好交往中,也留下过许多友谊佳话。如淳熙年间(1174—1189年),日本高僧荣西(千光法师)曾经两次到宁波,他从日本运来大批巨木良材,帮助修建天童寺千佛阁一事,至今宁波人还有口皆碑。又比如在宋孝宗乾道元年(1165年),赵伯圭任明州知州时,有一个真里富国(在现在印支半岛)的大商人病死在明州,他没有后代,有的官吏就建议将他留下的巨额财产全部没收,但赵太守坚决不同意,还为这个外商备棺成殓,并派死者的门徒护丧回国。过了一年,真里富国王专门派人来答谢。来使转告说:"在我们国家贵族死了,往往就把他们的财产抄没,现在看到中国这么仁政,我国也把这种抄家的习惯做法废除了。"来使还说,那个商人的亲属十分感激赵太守,把归还的财产全部捐献出来,造了三座浮图,雕刻着赵太守的像,为他祈祷求福。这也说明正确处理外事关系,收到了良好的效果,增进了与各国人民的友谊,对发展宁波外贸起到了促进作用。

航海、造船的重要基地

宁波港在我国古代和近代一个时期对社会经济的发展起过重要的作用,促进了我国航海和造船事业的发展。

良好的港口条件是航海事业的重要保证,航海事业的发展又推动了港口和造船事业的发展。历史上,由于宁波占有天时地利的优越条件,所以航海和造船技术发展较早和较快。早在春秋末期的越国时,这里就已建立了相当规模的海军,曾从浙东海上进军长江、淮河,打败了水运也很发达的吴国(在今江苏省境内)。当时的船舶主要是由宁波地区建造的。在唐代和宋代时，宁波的造船规模的扩大和技术的提高，发展到一个新的阶段。唐太宗贞观二十二年（648年），为出战某国，曾督造大偶艟舫1100艘待用，证明唐代明州已具有相当大的造船能力。在唐朝中期以前，日本遣唐使来中国一般都乘日本船和新罗船（新罗在今朝鲜境内），这些船不太坚固，航海途中遭遇风浪造成船毁人亡的事故很多。因此，到唐代中期以后，多数日本使节、僧人和学生到中国来都改乘唐舶。唐舶不但坚固，而且行驶较快，特别是改走南线以后，"去明州七十余里，俯临大海，与新罗、日本诸蕃接界"，与日本九州西端值嘉岛（今五岛列岛）之间仅650公里，帆船一般航行六天左右即可到达。从明州出海，海上冬季风力和全年大浪频率都比北方航线小得多。这对于一个海港，尤其是中国航线上的海港来说，是特别重要的。因此，以后中日航线上航行的船舶，基本上都是唐舶了。

作为唐舶的基地之一的明州，在繁忙的航海活动中，还培养锻炼出大批的航海家。仅日本史籍记载的航海到过日本的船主、航海家就达20多人、30多次。像李邻德、李处人、张支信、元净、李延孝、金文习、伍仲来和柏志贞等，都曾率船员驾船往来于明州望海镇（即今镇海县）和日本肥前、值嘉之间，航海技术都十分高超。如唐大中元年（847年）6月22日，僧人惠适、仁好、惠萼等人乘张支信的唐舶（可载37人）从明州望海镇到日本值嘉岛那留浦，仅用了3天时间。唐咸通二年（865年），日僧宗睿搭乘李延孝的唐舶（共载63人）于7月22日起航，走上述同样的航线，也只用了3天时间，创造了当时木帆船航海的最快速度。

宋代是明州造船技术的全盛时期。明州城东厢（现宁波战船街和江厦街一带）有造船场，出使高丽的使团乘坐的神舟、客舟，就是由明州造船场负责修建和改装的。1979年4月宁波市东门口交邮大楼工地施工时，曾发现一艘宋代的古船，在古船中还发现有6枚北宋早期年号的铜币，证实这艘船可能就是北宋以前的古船。这艘船外形为尖头尖底方尾、前后两桅或三桅，水密舱壁的间距很密，依据以上情况可以定为此船为外海船。有专家对该船进行了研究，认为宋代古船装有减缓摇摆作用的舭龙骨，该舭龙骨的安装部位以及长宽等尺寸都与现代船舶要求（参数)大致相符。这一成就要比其他国家早几百年。由此可见我们祖先的聪明才智和宁波造船业的发达。

  为配合航海,宋代宁波的码头和管理海运船舶的机构也比较健全。1976－1979年在宁波先后清理出江厦码头、真武官码头和甬东司码头。从清理出的断碎和记载发现,市舶务厅事(设于戚家桥,即现在的嘉佑巷)、市舶提举司(在东门姚家巷北,即今旗杆巷北的后东街与东桥街交界的西侧)等机构,以及航海人活动的地方,如使馆、天后宫等。

宁波古船模型

  到了清初,清政府为反对抗清活动,下令"此帆不得入海",致使宁波海运事业受到阻遏,宁波的造船业日趋停滞,衰落。到了清朝中、后朝,由于朝政府腐败无能,于1842年签订了《南京条约》,宁波成为帝国主义手中"通商"的口岸,海关大权为外国人所把持,宁波造船和航运事业受到沉重的打击,出入宁波港口的船只,逐渐被外国轮船所代替。

1900—1915年,宁波船船尾形式

在唐宋时期,宁波港由于造船业的支持和航海技术的进步,因此享有"海上瓷器之路"出发点的美称,对促进外贸起了较大作用。

唐代浙东的商品经济繁荣,与海外贸易相关的烧瓷业、丝织业、造纸业和印刷业都有发展,货源充裕。往日本泛海兴贩的中国商人"南路照例从明州出发,即从福州或台州开出的船,一般也先到明州停泊,横渡中国海,到达值嘉岛,从此再进入博多津"。商船去日本"多赍货物",品种繁多,以经卷、佛像、佛画、书籍、药品和香料为主。日本则用砂金、水银、锡、锦、绢等物品与我国进行交易。当时明州不仅有日本商人,还有新罗、环王国、尹利佛逝、占卑等国的商人。新罗商人除在明州购买书籍、丝、茶叶外,还带走许多各式瓷器。

海上"瓷器之路"的形成,比"丝绸之路"毫不逊色。唐代泉州和明州的瓷器,作为一种新型商品出现在国际市场上,深受各国人民的喜爱。瓷器是易碎之物,靠骆驼陆路运输极为不便,当时外国人要得到一件瓷器是非常不容易的事。所以外国人不但用船运来大量珍贵之物与我国交换瓷器,而且还千方百计通过海道运回国去。来明州港的中外船只,逐渐把越窑青瓷大量运往世界各地,当时从明州运销的国家和地区有朝鲜、日本、泰国、越南、柬埔寨、印度、伊朗、巴基斯坦、斯里兰卡、菲律宾、印度尼西亚、伊拉克、埃及、苏丹、叙利亚、沙特阿拉伯、南也门、埃塞俄比亚、索马里、肯尼亚、坦桑尼亚等20多个国家和地区。这些国家和地区中的古文化遗址中出土的越窑青瓷,有的器物与宁波出土的遗物完全相同。证明古时明州出口的瓷器确实远销众多国家。

由于宁波港自古贸易发达,这就培养和训练了宁波人经营的能力,宁波人会经商可说是举世闻名。他们精于计算,懂得行情,吃苦耐劳,聪颖机敏,不但在宁波经营,而且对上海、烟台、青岛等地开埠通商都发挥了作用,足迹几乎遍及全国,以至世界各地都有宁波人从事工商和文化教育事业。我国第一家银行——通商银行,就是由宁波镇海人王心贯主持的,以"亨福利"、"亨达利"为招牌的钟表店,全国就有80多家,皆为鄞县樟村人经营。近年来统计,宁波人在港澳的有许多人,原香港的中华总商会会长王宽诚先生(已故)就是宁波人士,他的维大洋行在世界各地都设有分公司。曾被人们称为世界"四大船王"之一的甬籍商人包玉刚先生,曾是香港的企业界巨头之一。散居在国内外的众多的具有爱国心的宁波籍工商界人士,他们对宁波的建设非常关心与支持,对宁波的经济建设和发展,起了重大的促进作用。

"五口通商"与宁波

宁波的对外贸易,在历史上也曾有过屈辱的一个阶段。清政府在第一次鸦片战争中遭到失败,被迫于1842年8月29日签订了丧权辱国的《南京条约》,开放广州、厦门、福州、宁波、上海为通商口岸。

宁波当时被指定的通商地点在江北岸。1842年11月12日,英国率先在江北岸设立了领事馆,委任领事及翻译各一人。第二年,法国也在宁波设立了领事馆,由天主教宁波主教兼任领事。其余西欧各国在宁波的通商事务,多数委托英国领事馆代办。1871年日本也在宁波设立了领事馆。

在五口通商的前期,殖民主义者在对华贸易上似乎没有捞到多大的好处。因为当时的中国社会,主要是自给自足的小农经济与家庭手工业经济,就是所谓的"耕织结合"。出口的货物大于进口的货物量。

到了1856—1860年的第二次鸦片战争期间,帝国主义对宁波的经济、文化侵略就更为具体了。

宁波虽为"五口通商"的口岸之一,但并没有租界。可是英帝国主义者在宁波江北岸擅自成立了巡捕局。巡捕局归英国领事领导,下设总领一人,由英国人担任,所属巡捕多数是招募的当地地痞流氓。他们为非作歹,清政府却不敢过问,在光绪末年,有一个叫逊阿蜚的英国浪人,杀死了两个鄞县平民后逃到英国领事馆躲藏起来,清政府竟无可奈何。

英国领事馆还在三江口桃花渡擅自建造了一座浮桥——新江桥,凡过往的行人均强行征收制钱四文的"通过税",除了"通过税"外,英帝国主义还在甬江外滩码头非法征收"轮运货物码头捐"。为所欲为,目无清政府。

从1859年起,宁波海关(即浙江海关)就被英、法两国的税务司所把持。1861年5月22日,在江北岸正式成立"洋关",把过去的浙江海关改称为"常关"。凡征收国际贸易税及国内大宗货物的税收,一律归"洋关"办理。"常关"只是管一下距宁波50里以外的一些如定海、石海、沥海等一些小关口。

宁波新江桥

帝国主义攫取了海关大权后,根据《天津条约》规定,洋货进入我国内地,只需一次交纳2.5%的进口税,即可畅通无阻地销往中国各省。而对本国商人,则层层苛征。这样一来,使原来就已先天不足的民族工商业更处于极不平等的地位了。

到1931年,国民党政府索性把"常关"也撤销了,浙江海关监督成了徒有虚名的空衔,海关的维持费反而依赖"洋关"提供。从1861—1949年间,浙江海关竟被帝国主义控制整整达88年之久。

五口通商后,在宁波江北岸一带出现了不少洋行,有美商太平洋行、美孚火油行,英商太古洋行、亚细亚火油公司、祥泰木行,法商茂昌蛋行、东方轮船公司日商津田洋行……达数十家之多。他们一边倾销洋货,一边利用我国农村廉价劳动力进行金丝草帽、宁绣等发料加工。

五口通商后的宁波,已从一个古老的封建性的港口城市逐步向资本主义和半殖民地化方向发展了。直到解放初期,还有它深深的烙印。

传播佛教文化的城市

唐代中国的佛教中心在京城长安(今西安市),明州港是日本等国僧人、也是中国出访海外僧人的门户。明州和后来改称为宁波府的当地,也有一批佛寺吸引外国教徒远涉重洋到明州来。如始建于南朝的河高王寺和始建于唐朝的天童寺、雪窦寺等，都是佛教历史上具有重要地位的寺院，海外信徒和僧人常来瞻仰访问。特别是中国和日本的关系，通过佛教的传播，往来频繁、关系密切。日本佛教史上有名的"入唐八家"中的最澄和他的弟子义真、宗睿，曾分别于唐贞元二十年（804年）、咸通三年（862年）先后来我国访问，他们都是经明州乘唐舶返回日本的。

天童寺天王殿

日僧荣西，发愿要到西域求"教外别传之宗"，于南宋乾道四年（1168年）来到宁波，从天台山万年寺住持怀敞禅师学禅。怀敞到天童寺后，荣西也随同前往。当时天童寺的千佛阁年久失修，准备动工修葺，但又感所需木材甚巨，难以觅到。这时荣西正准备回日本一次，就对怀敞说："我是日本国王的近亲，这次回到日本，当募大木来助。"荣西回国后过了两年再次来中国时，果然从日本运来大批百围巨木，雇了上千名民夫运至寺前。绍熙四年（1193年），千佛阁开工修造，历时3年建成。这座矗立在天童寺顶的3层7间的千佛阁，倾注着中日佛教徒深厚的友谊。荣西在宁波学成回国后，在日本提倡禅宗，成为日本曹洞宗的始祖。

明末清初，日本僧人雪舟又渡海来华，他在宁波天童寺住的时间最久，并曾任天童首座多年。按寺院制度，首座的职位仅次于住持，而天童寺对授取一向严格，不是德高望重、修行优秀者，决不轻授。可见雪舟在禅学方面造诣极深。雪舟是一个擅长丹青的画家，在日本有"画圣"的尊称。他的山水画,仿我国宋代名家马远、明代画家仇英的笔法,融会贯通而又别具一格。他创建的山水画中衬托的远近法,给日本艺坛以巨大的影响。他在天童寺时,曾绘有天童、育王两大古刹全境图。日本现在尚保存着这幅稀世的文物画卷。雪舟与天童僧众的感情融洽,关系密切,直到晚年时,他还念念不忘在天童任首座时悠游怡闲的愉快时光,自号为"天童第一座",以示终身不忘。

雪舟:《天桥立图》

中国的禅宗,由天童传到日本,产生了极大的影响。最近来游天童的日僧来宾相告,至今在日本僧侣中,信奉天童禅宗曹洞宗的佛教徒尚有800万人左右。

通过宁波宗教的传播,同时促进了文化和艺术的交流。其中为佛教服务的工艺美术的建筑师、雕塑师、画师起了先驱者的作用。天宝十二年(753年),鉴真东渡日本,在唐乾元二年(759年)八月在日本主持建造的唐招提寺,就是明州的工匠设计建设的。招提寺内陈列的骨木嵌镶木棋盘、双陆盘等家具器皿多为明州的工艺品。招提寺中卢舍那大佛坐像,也是吸取了明州泥金彩塑龙门石刻造像工艺的长处而塑成的。另外如来佛像、卢舍那佛和千手观音菩萨这三尊古艺术品,也渗透了明州工匠们的心血和汗水。其中泥金彩漆堆塑,则全部出自明州雕塑师之手。唐招提寺无论是讲经的大殿,还是舍利殿西北偶的开山堂,或是讲经殿左侧的藏书金库,其内部镂刻风格与宁波阿育王寺极其相似,无不都用宁波的朱金木雕。鉴真东渡还带去了明州绣品,在日本也有流传。

我国的高僧一山一宁东渡日本,对日本文化也起了促进和交流作用。日本的后宇多上皇对一山一宁的高风硕德也极为仰慕,一再向他"问询法要"。一山一宁对日本的学术、文艺、书法、美术等方面的影响是显著的。他在日本逝世时,后宇多上皇亲自撰象赞:"宋地万人杰,本朝一国师。"他所传禅学被日本佛教文化界称为"一山派"。在元代,日本和尚由庆元(元代明州已改名)上岸的共达220人。日本京都天龙寺妙智院的高僧策彦(号谦斋禅师),博学多智,通晓汉文,喜作汉诗。他在明嘉靖十八年(1539年)59岁时来到宁波,结识了不少宁波的文人学士,他们经常在一起吟诗作画,叙古论今,切磋书法。策彦第二次来宁波,一直到嘉靖二十九年(1550年)才带着宁波人民的友谊离开中国回日本。

古时日本人到宁波来的人很多,中国去日本的人也不少,有些人还很有影响。如明末清初的绍兴府余姚县学者朱之瑜(号舜水),曾来舟山抗清,失败后于1659年东渡日本,在日本讲学,客居日本数十年,最后以83岁终于日本。他对日本文化、建筑的影响很大,日本学者评论:"天佑以还儒民以经世治民为要道,不务空理虚论,皆舜水所赐也……""不惟后来明治维新受此良好影响,即于朱子学说本身发扬而光大之功亦伟矣!"梁启超也说:"日人所以有200年太平之治,实由舜水教化结果,至今日本人民仍旧十分纪念他。"1982年5月20日,以日本国参议员户口十武为团长的"朱舜水先生纪念会代表团"12人和日本中国文化交流协会都到宁波市属县余姚龙山上立碑纪念。1979年宁波鄞县天童寺对外开放后,还先后接受了日本朝圣的天童参拜团数批,1980年有38个日本代表团800余人前往天童朝拜游览。可见中日两国文化间交流延绵不绝,与宁波关系极为密切。

温州港

温州港是全国最大的沿海集装箱码头之一。温州港位于浙江东南部沿海,处于东海温州湾、瓯江河口内,东濒东海,南邻福建、西连丽水、北傍台州。港口外有大门、鹿西等100多个大大小小的岛屿组成天然屏障,依山临海,气候宜人,隆冬季节温暖如春,温州由此得名。

温州港地处温州湾、北接乐清湾,因有大小岛屿作天然屏障,港内风平浪静、港宽水深,是一天然河口良港,为浙江第二大港,是东南沿海诸省通往国外的门户之一。温州是我国古代国际贸易的中转地,也是我国古代对外开放较早的城市,著名侨乡,素有"东瓯名镇"、"小上海"之称,是浙江南部的经济、文化中心。

目前温州港还是以上海浦东为龙头的长江三角洲经济区内的重要港口,也是我国沿海四大海区港口群中围绕建设以上海为中心、江浙为两翼的上海国际航运中心的长江三角洲与东南沿海区域港口群中的一员,北邻宁波港,南毗福州港,东南与台湾的高雄、基隆两港隔水相望,具有明显的区位优势和发展海运的良好环境,是我国沿海20个主枢纽港之一,是温州市对外开放和发展外向型经济的重要依托,是浙西南及皖南、闽北等地区经济发展、对外交往的重要口岸。它还是浙南地区海运、海河及水陆联运枢纽,也是一个多功能、综合性的国际贸易商港。

温州市是座千年古城,商业发展较早,唐朝时期经济贸易已有较大发展。北宋时期经济已相当发达,被列为对外贸易港口,是我国古代对外开放较早的城市之一。早在12、13世纪,就与日本、朝鲜以及南洋一带有贸易往来,在浙江省的对外贸易中占有相当重要的地位。1984年,作为全国沿海港口城市开放后,温州经济与对外贸易有了进一步的发展,目前进出口主要货物有煤炭、钢铁、水泥、粮食、木材、建材等。目前,温州工业已经形成以电力、冶金、电子、机械、造船、化工等为主的多门类的工业体系。产品数千种,其中皮鞋、皮革、面砖、蜡纸是传统产品;瓯绣、瓯塑、黄杨木雕、彩石镶嵌等工艺美术品也饮誉海内外。温州工业品主要有轻纺、食品、建材、炼乳、瓷砖、花岗岩石、皮革、工艺美术品、草编制品等,共计几百种产品远销国外100多个国家和地区。温州盛产稻谷、小麦、瓯柑、甜橙、茶叶等等,也远销国内外。海水产品有梭子蟹、对虾、文蛤、石斑鱼。温州的矿产资源也很丰富,有铝、锌、锡等矿产50多种。花岗石、叶蜡石、明矾石素有温州三大瑰宝之称。矿石中明矾石储量最为丰富,温州苍山县矾山镇有"世界矾都"之称。瓯江口外的东海大陆架蕴藏着丰富的石油、天然气资源。因温州地处亚热带,气候宜人,雨水充足,农作物一年三熟,素有"鱼米之乡"之称。经济作物有茶叶、柑橘、杨梅、甘蔗等共160多种。西部山区有丰富的林木产品、动植物资源。温州海域广阔,海产品有带鱼、黄鱼、鳗鱼等370多种,滩涂养殖产品中的虾、蟹、蛏、蛤等都很出名,远销国内外,备受外商欢迎。

温州港经济腹地辽阔。直接腹地为温州市辖六县二市三区,这些地区都是现代新兴工业区,轻工业较发达,产品丰富,外向型产品众多,可为温州港提供丰富的出口货源。间接腹地包括浙西南、闽北、皖南等地区,这些地区经济发展速度快,工业以轻工业为主,60%以上产品供出口。

目前温州港经过新一轮总体布局和规划,对原有港区作了应有的调整,逐步形成以龙湾港区、七里港区、灵昆港区、小门岛港区、乐清湾港区和状元岙港区为主体的发展格局,并将瓯江沿岸的双屿、永嘉、港头等码头、港点作为六大港区的必要补充。并明确龙湾、灵昆、状元岙、七里、乐清湾五港区要为温州市外向型经济和临海工业发展以及为浙西南和周边省份的内外贸易物资运输服务。小门岛港区主要为温州及附近地区油气、化工品的中转储运和加工服务。

悠久的港口历史

　　温州港是一个千年之港。据《温州港史》记载,早在战国时期,温州就出现了原始港口的雏形。唐代,中国商人开辟了日本值嘉岛直达温州的航线。清代长期"海禁",温州港海上贸易受阻。公元1876年,《烟台条约》签订,温州被辟为通商口岸。孙中山《建国方略》中指出,温州应该建设一个东方大港。

　　远古时代,这里还是一片汪洋大海,后经历了长期沧海桑田的变迁,才逐渐成陆。夏商时代,这里仍是一片低洼地带。这里最早的居民,以渔猎为生。战国时期(前475－前221年),这里开始出现原始港口的雏形,东瓯的海上交通,除了和我国东南各族越人、沿海各地有海上往来外,也已开始发展海外交通,是我国战国时代通往日本、朝鲜和东南亚各国的九大港口之一。与我国北方一带地区也有直接往来。汉惠帝元年(前192年)越王勾践后裔驺摇,因佐汉有功,被封为东海王,建都东瓯,故俗称为"东瓯王"。东瓯建都后,海上交通有了进一步发展。汉武帝建元三年(前138年),由于越族内部冲突,东瓯遭到闽越王的攻击,东瓯王不敌,遂率众举国迁徙至江、淮之间的庐江郡,东瓯国从此灭亡,港口也随之衰落。

20世纪80年代的温州港

三国时期,永宁县属孙吴管辖。永宁县管辖的横屿设有官营横屿船屯,是吴国主要的造船基地,当时瓯人造船工艺和航海技术有了较大提高,新造船舶不断驶往我国东南沿海和长江沿岸各地,这就大大促进了东瓯海上交通的发展。东晋明帝太宁元年(323年),拆临海郡立永嘉郡,郡治设立永宁县,并在瓯江南岸建城。郡治和县治都从瓯江北岸移至南岸,温州港址也在南岸城区沿江一带建立。汉朝时期温州叫永嘉郡,唐朝时叫温州治,晋时又改称永嘉郡,后又复称温州,宋代叫温州永嘉郡,后又升为瑞安府。元代置温州路,明、清又叫温州府。唐朝时期温州港已成为中国沿海贸易港口之一,是最早开辟的海上交通贸易通道,并首次开通了温州直达日本值嘉岛的新航线。至北宋时期,温州港的海外交通贸易渐趋活跃,因而往来船舶众多。曾有北宋学者登上城墙谢公楼远眺瓯江江面时,诗兴大发,即时吟出"瓯江一带千帆过,城脚千家具舟楫"的诗句,说明当时港口已很繁盛了。当杨蟠担任温州知府时,也曾作诗赞美温州,诗写道:"一片繁华海上头,从来唤作小杭州",也是描绘当时港口的繁盛。北宋绍兴元年(1130年),温州才设立市舶司,当时温州地区经济已相当发达,成为这一时期商业与海外贸易的重要港口,也是我国当时造船业的一个中心。

到了元代,我国海外贸易大大超过了唐代,当时的温州是全国设置市舶司机构7个地区中的一个。到了明朝,为了防止倭寇骚扰,我国沿海一带统治者一度实行"海禁",使温州港一时趋于衰落。清王朝建立后,为了对付郑成功的抗清势力,也一度实行"海禁",这时甚至对海外来华经商的外国商人也严加限制。清康熙七年(1668年)规定:"非贡期,概不准其贸易。"在这种情况下,国内外海上交通贸易完全处于停顿状态。清康熙二十二年(1683年)郑成功之孙郑克爽降清,台湾也归清廷管辖。次年,清政府开放"海禁"。清康熙三十四年(1685年),浙江海关在宁波建立,当时温州也设立分口。温州海关的设立,使温州港的海上交通贸易从原来衰落、停顿逐渐得到复苏与发展。1840年鸦片战争之后,由于满清政府腐败无能,逐渐使中国沦为西方列强的半殖民地。清光绪二年(1876年),英帝国主义借口"马嘉里事件"强迫清朝政府签订《烟台条约》,增辟温州等地为通商口岸。温州港与当时沿海其他开放港口一样遭到同样的命运,从此日渐衰落。

20世纪20年代,温州近代工商业兴起,港口又有了新的发展。1930年,港口吞吐量已有30万吨。八一三事变后,日本海军对中国沿海实行全面封锁,当时由于温州地处浙南僻处,未被日本侵略军占领,使温州地区处于一个相对安全的环境,港口繁荣曾出现畸形局面,外轮进出频繁,一时成为中国东南沿海一个重要的中转港口。1938年,全年港口吞吐量已上升到70万吨,是建国之前温州历史上最高的一年。但从1939年4月之后,因日本人对温州不断进行空袭、侵犯干扰,温州港的畸形繁荣从此消失。直到1941年12月,太平洋战争爆发,港口运输安全停顿。1949年5月7日温州解放,港口只剩下一个囤船码头,解放后港口才逐渐修复。

建国之后,温州港得到了很好的修复与发展,50年代,建起了2、3、4、5、6号码头和栈桥码头。50年代后期,温州港建成了历史上第一个完整的港区朔门港区,被当时的国务院确定为首批全国5个对外开放港口之一,使港口吞吐量逐渐提升到了137万多吨。60年代,又建起了3个囤船码头,并建筑了固定码头岸线及库场设施,使港口面貌发生较大变化。

温州古代海外贸易

地处浙江南部的温州在春秋战国时"并属越,秦属闽中郡,汉初为东瓯王国,后为会稽郡回浦县地","三国吴属临海郡"。东晋明帝太宁元年(323年),析临海郡始置永嘉郡,郡治设在瓯江下游南岸(今温州市鹿城区),是为温州建郡之始。唐高宗上元二年(675年)置温州,自此以后,历经1300余年至今,州名无改,州境亦无大变。

虽然温州历史源远流长,在战国时期温州的海外交通也有一定的发展。然而偏居浙南一隅的温州,在东汉以前,一直地广人稀,户不足万。与当时其他的通衢大邑相比,地位自然微不足道。东晋南朝时期,温州相对安定,中原名门士族、达官贵人,纷至沓来,中原文化、移民文化与本土文化交融,促进了温州经济和文化的发展。

唐初,温州的海外贸易逐步兴起。唐中晚期温州海外贸易渐趋兴盛。唐代温州的主要贸易国是日本,以民间贸易为主。唐武宗会昌二年(842年),中国商人李处人在日本造海船一艘,由日本值嘉岛起航,直达温州,是为有记载以来日本与温州的首次直航。由于当时温州与日本之间商船往来频繁,一些日本高僧前来中国时,也由温州入境再转赴各地。但综观整个唐代,温州的远洋贸易仍然以转口到明州、泉州再行出口为主。

五代时,中原战乱纷扰,而吴越钱氏实行"保境安民"政策,境内"休兵乐业二十余年"。温州成为吴越国重要港口之一,设有博易务,"航海收入,岁贡百万"。瓷器、茶叶等仍是温州出口的主要物资。温州的主要贸易国仍然是日本。两地交通不绝,商船往来分外频繁。北宋时期,随着造船业的兴盛和航海技术的提高,温州的海外贸易继续有所发展。北宋沦亡,宋室南迁,温州接受了大量的北方移民,其中不乏世家大族,更曾一度成为宋高宗避难的驻跸之所,以往的"僻远下州",一跃而成为"十万人家城里住,少闻人有对门山"的繁华都市。

宋室南渡后,由于陆上丝绸之路的阻绝,南宋统治者愈加重视海上贸易,这也是温州海外贸易繁荣的重要因素。加上南宋时罗盘针得到广泛使用,并应用于航海事业等,使温州的海外贸易在南宋时达到鼎盛。

南宋初年,温州设立市舶务,管理海外贸易。温州市舶务设立后,温州海外贸易日益兴盛,海内外的友好往来也非常频繁。除了国内东南沿海各港口之间的贸易往来之外,日本、朝鲜的商人亦来温州经商。除此之外,温州还与大食、印度、交趾、占城、渤泥、三佛齐、真腊等国有贸易往来。朝廷还专门设立来远驿,作为各国客商居留之所。同时,市舶务还对外国商人和商船采取了保护措施,"番舶为风飘着沿海州界,若损败及舶主不在,官为拯救,录货物,许其亲属召保认还"。如遇风水不便,船破桅坏者,即可免税。

南宋从温州输出的产品主要是青瓷、漆器、书籍、文具等。其中尤其值得一提的是青瓷和漆器。瓯江上游处州的龙泉窑在当时是全国最大的窑场,所产的青瓷,"胎薄如纸、光润如玉"。这些产品大部分沿瓯江经温州出口,远销东亚、南洋和非洲诸国,再到欧洲,是海上"陶瓷之路"的重要组成内容。温州的漆器在宋代号称第一,工艺精美绝伦。由于当时海外贸易的发达,也有许多外籍人士在温州经商或驻足,南宋永嘉著名诗人徐照在他所写的《移家雁池》诗中就有"夜来游岳梦,重见日东人"之句。所谓日东人,即是指日本人。庆元元年(1195年),温州市舶务撤销,并"禁贾舶泊江阴及温、秀州,则三郡之务又废",温州的海外贸易一度陷于停顿。

元初,由于战争的原因,温州人口剧减,商业一时萧条。至元二十一年(1284年)在温州设立市舶转运司后,温州成为元朝对外开放的七大港口之一,温州的海外贸易恢复了往日的繁盛景象,"百货所萃,廛闬贾竖咸附趋之"。至元三十年(1293年)温州市舶司虽并入庆元市舶司,但温州的海外贸易并未完全断绝。

明朝建立后,为防止沿海居民与反明势力的联系和抗击倭寇进扰,实行了与宋元时期完全不同的"海禁"政策,三令五申"申禁人民,不得擅自出海与外国互市",温州的海外贸易几乎处于停顿或半停顿状态。温州沿海居民只好冒禁出洋市贩,以走私形式维持宋元以来形成的海上私商贸易。嘉靖年间,温州沿海倭患猖獗,百姓深受其害,人口流散甚众,资财耗竭,四业委顿,海外贸易又陷于低谷。隆庆元年(1567年),朝廷面临财政危机,为开辟财源,宣布部分开放"海禁",默许私人进行海外贸易,但仍加以诸多限制条件,尤其是以往的主要贸易对象日本,更严厉禁止,因此温州的海外贸易并没有多大的起色。

清王朝建立后,以郑成功为首的抗清力量在温、台沿海活动。清政府为隔绝温州沿海人民和郑成功联系,于顺治十3年(1656年)宣布"海禁",严禁商民下海交易,"片版不准入海",犯禁者治以重罪。顺治十八年(1661年)又下"迁界"令,强迫沿海10里居民内迁,"三迁而界始定",温州所属濒海居民被迫内徙。迁界后,温州沿海为之一空,鱼盐之利尽失,海外贸易处于完全停顿状态。康熙二十二年(1683年),清政府平定台湾后,废"迁界"令,开"海禁",许百姓往海上贸易。康熙二十四年(1685年),清政府置浙海关于宁波,下辖温州、瑞安、平阳等15个海关分口。温州海关分口的设立,标志着温州海外贸易的复苏。康熙二十七年(1688年),一艘温州商船满载货物前往日本长崎销售,温州与日本的海上交通恢复。但清政府又规定,温州海关只准出口贸易,进口须经宁波等地转口。乾隆二十二年(1757年),清政府又颁布禁令,仅限广州粤海关一口对外贸易,封闭江、浙、闽海关,温州、瑞安、平阳3个分口亦随之关闭。同时又设置种种禁令,使温州民间海外贸易陷入困境。三年后,又禁外国商船来浙。为谋生计,温州沿海居民不得已只有铤而走险,以武装走私对抗朝廷的禁令,并不时与清军在温州海域发生冲突。

明清两朝长期实行的海禁政策,使得温州传统的输出商品,如漆器、青瓷等由于出口不畅,从数量到质量上都日趋衰落,造船业也因之一落千丈,从而严重抑制了当地社会经济的发展。

道光年间,鸦片走私开始盛行,温州也不免波及。英国更觊觎东南沿海,英军战舰不时侵扰温州沿海。鸦片战争爆发后,中国进入近代社会。温州的海外贸易进入到一个新的阶段。

温州:侨乡侨味浓

温州是我国著名侨乡之一。他们中的大部分在美国、法国、荷兰、意大利、西班牙、德国等从事餐馆业、皮革业、服装业等。

这里走出去的华侨华人、港澳同胞有 50 多万人,这里居住的归侨、侨眷有 42 万多人,这里走出去的华侨华人遍布世界上的 112 个国家,这里是中国重点侨乡——温州。

温州侨史可以追溯至 1000 多年前的北宋时期,温州永嘉人周伫随商船至高丽经商留了下来,后来官至礼部尚书。

瑞安区塘下镇的侨胞之家

但大多数的温州人是在改革开放后定居海外的。这些新侨主要居留在西欧和美国,其中人数最多的有:法国12万人,美国11万人,意大利10万人。其中很多年轻人,秉承吃苦耐劳的精神在国外打拼,闯出了一片天地。

在温州,人们看到这些走出去的温州人又回来了,投资家乡,建设家乡。矗立在市中心的"浙江第一高楼",投资人中就有美国华侨陈永坤。1988年,陈永坤移民美国。1995年,他回到温州投资世贸中心。这座建筑高301米,共68层。2009年建成后,它成为温州的最高建筑。

南门街道侨联把关爱侨胞侨眷聚焦在"一老一少"上,他们创办了温州第一个老人幸福之家。在这里,老人可以唱歌跳舞,读书看报,打牌下棋,排解思念儿女的忧愁。街道还组建了爱心医疗队,老人可以在这里免费寻医问药。留守儿童也到侨联来,与父母进行视频聊天,还有志愿者上门帮留守儿童做家务。

瓯海区丽岙镇是一个农村乡镇,在镇上走走,真是"海"味习习。不宽的马路两边,林立着"国际机票"、"国际货运"、"代办国际驾照"的店铺,让人惊叹,一个小小的镇上居然与世界各地有这样紧密的联系。镇上的华侨华人有2.5万人,遍布27个国家和地区,归侨和侨眷有1.25万人,占全镇常住人口的93%。丽岙侨资侨属企业占全镇企业的九成,华侨为家乡捐助1亿元,修建道路桥梁,治理河流等。为了更好地让年幼的华侨子女学习中国文化,丽岙还建立了海外青年华文教育基地,每年举办海外华裔青少年文化寻根夏令营和冬令营,不仅使华侨子女增强了对家乡和祖国的情感,有更多的机会学习中华文化,也架起了海内外年轻一代交流互动的桥梁。

"华侨之家"和"侨界之家"是侨乡的特色。在丽岙的华侨之家有一个小小的华侨博物馆。这里记录了早在100年前,丽岙人就开始了海外创业之路,从最开始的艰难谋生到立足生根到融入主流社会。一封八九十年前漂洋过海的家书,让人们感悟了海外游子的辛酸,信中写道:"男身居外邦,风尘劳苦,生意虽有微利,日夜无暇。"

旅居海外的温州人与故乡隔着山、隔着海,故乡知道,伴随你们的光荣与梦想,还有无尽的乡愁与辛酸。但请你们记住,故乡永远是你们最温暖的家。

世界历史文物灯塔——江心屿双塔

追溯中国的灯塔历史,早在四千年前,夏王朝时期就利用"碣石"指引航路。之后,从天竺引进了佛教,大兴土木,造庙建塔。宝塔与灯塔紧密相连。自古以来,建在沿海的宝塔、望海楼被航海者视为出入海口的人工灯塔,有些宝塔上一般设有灯龛,夜晚点灯,为夜航的船只指引了方向。

温州辖区的航标除了数量众多外,更有不少在世界航标历史上占据一定地位的古灯塔。其中江心屿东西双塔便是我国五大世界历史文物灯塔之一。

温州江心屿双塔位于瓯江江心的孤屿上。江心有东西两峰,东为象岩,西为狮岩,两岩上建有东西二塔。江心屿双塔最初虽无巡航引渡的功能,但双塔耸峙半天,远远可望。且塔形亦各异,两塔水平重叠成一线时,恰巧指示瓯江上的安全航道,船员们依此可不致绕道,直达码头。这一功能与现代直线导航原理相吻合,是中国航标史上最古老的导标。

东塔建于唐咸通十年(869年),塔高32米。据《温州府志》《孤屿志》等史料记载,自宋代开始直至清光绪年间,双塔塔顶夜灯高照,成为引导船只来往温州港的重要"灯塔"。宋万历年间(1046年),诗人杨蟠就有诗云:"孤屿今才见,元来却两峰。塔灯相对影,夜夜照蛟龙。"这是对东西双塔为夜航船只指引方向的形象描述。两塔虽经历千古沧桑,仍然屹立,至今还发挥着为船只引导航向的标志作用,江心屿双塔被列为浙江省温州市重点文物保护单位。

"一川砥柱横沧海,两塔凌空映彩虹","潮声喧万马,塔影浸双龙"。温州江心屿享誉古今,蜚声中外,作为聚焦空间的标志物,屹立于龙翔、兴庆二峰之上的双塔,更是挺拔清秀,古朴端庄。然而,岁月无情,双塔屡经修砌,饱经沧桑,身份却淹于浩瀚,现有双塔东唐西宋说,有双塔西唐东宋说,有明塔遗迹说等等。

从始建年代看,西塔应建于唐,东塔应建于宋。持双塔"东唐西宋说"的最早记载于清乾隆《温州府志》:"东塔唐咸通十年建,明万历十九年邑人王叔杲重建。西塔宋开宝三年建,万历二十三年王叔杲配林恭人重建。"后《孤志屿》及民国《温州府志》都承袭这一记载。但是,明万历《温州府志》,清末光绪《永嘉县志》均载"……唐咸通间建西塔,宋开宝间建东塔,元丰年间赐东塔为普寂院,西塔为净兴院"。又据北宋绍兴十一年刘愈《东西塔记》碑刻载:"……旧有宝塔,其西建于后唐之末,其东建我宋天圣间。"明万历二十年王典《重修江心孤屿东塔记》碑刻载:"西塔创自唐咸通,而东塔则自宋开宝……"明万历二十三年卢逵《重修江心屿两塔记》碑刻载:"东塔创始宋开宝,西塔创始唐咸通……"等等,可见双塔"西唐东宋说"在清乾隆以前众口一词,并无异议,且各方面资料均能相互印证。因此清乾隆《温州府志》的相关记载出于笔误亦未可知。

双塔均明显有唐塔遗风。根据现场考证,江心屿双塔外形及结构极其相似。从外形上看,平面都是六角形,东塔底层边长约4米,直径约8米,西塔底层边长约3.5米,直径约7米。三开间,每边各层设一壶门,主门、壶门及座向一致;塔身高为7层,西塔32米,东塔28米,如将东塔屋顶及塔刹高度计算在内,二者高度相差无几;塔身均为砖结构,从底部到顶,收分明显;立面都是阁楼式,东塔腰檐已毁,西塔腰檐显见是近代修缮而作;从构造上看,二者腰檐均较薄,出檐平缓,且各层未见有平座和栏杆。二塔整体形象古朴庄重,落落大方。从结构上看,双塔均为砖身木构,塔身为单层砖壁,底层砖壁厚度东塔约1.6米,西塔约2.0米,塔心无柱,内部为上下贯通的空筒,向上逐渐缩小,属典型的空筒式砖塔构造;双塔内外边角均设有倚柱,东塔方形,西塔八角形;双塔底基均低短简单,素平砖石砌成,高度不足20公分;从砖工上看,东塔"一顺一丁"及"三顺一丁"砌法为多,显见明清修砌痕迹,西塔因近代修理时砖工为砺灰所掩,无以详考,但显露出的八角砖柱应是唐代遗物。根据以上考证,结合建筑历史的相关资料,对照国内现有一些古塔予以分析发现,江心屿双塔在外形风格、主体结构等方面唐风显露无遗,尽管明、清修砌痕迹明显,但并未对唐风"伤筋动骨"。

从文脉传承方面看,双塔应为"孪生姊妹"。从始建或重建年代看,双塔一唐一宋,为何宋塔带有唐风,着实令人费解。据宋绍兴十一年刘愈《东西塔记》载,东塔"倾因兵火,与院俱烬,惟故址存,绍兴戊午(1138)……鸠工修建,撤而筑之……凡形制严饰,悉与西塔等"。由此而知,东塔于1138年重建,历经3年,"至绍兴十一年辛酉(1141)仲春"(宋绍兴十一年,刘愈《东西塔记》碑刻,录自《孤屿志》卷5)竣工,是对西塔完全仿造,难怪二塔形制如此相似,原来二者属"同宗孪生姊妹"而已。

从屡次修砌的程度上看,双塔"真身"未改。据考证,江心屿双塔各自在宋嘉祐、宋绍兴、元代、明洪武、万历、清乾隆及近代均有不同程度修缮,如宋绍兴八年,重建东塔的同时,对西塔"则加木昂木共楹槛,盖砌而丹?焉,以其旧筑耸固,无事改造也"(出处同上);明洪武十一年,据王渊《重修两塔记》载"……撤旧作新……其费缗数一万二千有奇。始事于洪武十年丁巳冬十月,讫于明年戊午秋八月"。从费用、工期来看,在当时条件下应认为是大修而未必是重建;明万历二十年和二十三年分别对东、西塔有过修缮,修东塔"自上而下","召工计费,千金有余","经始于辛卯孟秋望日,落成于壬辰冬月朔日"(明万历二十年,王典《重修江心孤屿东塔记》碑刻,录自光绪《永嘉县志》卷36)。修西塔"始万历癸巳仲秋望日,迄甲午腊月八日而工竣,费凡若干金"(明万历二十三年,卢逵《重建江心孤屿西塔记》碑刻,录自光绪《永嘉县志》卷36);乾隆年间,双塔均有不同程度修缮,"李公琬守郡时,曾修东塔",而西塔修理则"不二周告成厥事"(清乾隆四十年,傅永绰《重修江心寺西塔碑记》录自《孤屿志》卷5)。根据以上史料及金文资料,结合现存实物考证分析,西塔修理的程度应大于东塔,但总体上看,修缮过程中的保护意识较强,以至二塔在主体结构及建筑风格上,可以相互参照因借,保留了唐塔的基本特征。

1997年7月,国际航标协会(IALA)确认我国的五处灯塔为世界历史文物灯塔,其中江心屿东西双塔就位列其中。1998年初,国际航标协会评选中国温州江心屿双塔为世界百座历史文物灯塔之一。2002年5月,国家邮政局发行了《世界历史文物灯塔》邮票一套五枚,其中第三枚为温州"江心屿双塔"。国家邮政局发行温州地方题材的邮票,这在温州历史上还是第一次。

泉州港

在我国东南沿海的福建省的晋江下游,有一座在中世纪著称于世的通商港埠,美丽的历史文化名城,它就是泉州。

泉州倚山面海,地处亚热带,属于季风区域,盛夏秋初多吹东南风,春季则多吹西北风,这得天独厚的气候条件,在靠风帆推进的航海时代,给海上往返通商的船舶带来了宝贵的动力。典型的南亚热带海洋性季风气候,使泉州冬无严寒,夏无酷暑,一年四季,总是那么郁郁葱葱,生机勃勃。唐末诗人韩偓曾赞美泉州道:"四序有花长见雨,一冬无雪却闻雷。"正因为它终年温暖湿润,故泉州素有"温陵"的雅称。正是大自然的这种赐予,给泉州港的开发与勃兴,对泉州与世界各国的通商贸易,带来了极为便利的条件。

泉州港一角

泉州有着漫长的海岸线,既有突出的半岛,又有曲入陆地的港湾,还有着分布星星点点的岛屿。那些被岬角掩护的港湾和宽畅的入海河口,为舟楫的航行提供了许多躲避风浪,安全停靠,便于货物装卸的口岸。

从地理概念上讲,古泉州港包括了位于晋江入海口的泉洲湾和它南面的深护湾、围头湾。在这广袤的港湾中,由北向南,分布着一个又一个的支港,有崇武、秀涂、乌屿、后渚、蚶江、石湖、祥芝、深沪、围头、东石、安海等等,宛如一串镶嵌在大陆与岛屿边缘的璀璨的明珠。在众多的支港中,尤以泉州湾的后渚港和围头湾的安海港最为重要。

泉州港水道深邃,海湾曲折,港口密布,又地处亚热带,终年不冻,四季通航,是个天然良港。凭借这些优越的自然条件,在很早以前,祖先们就为我们揭开了海上交通贸易的序幕,使泉州成为我国与世界各国通商贸易的重要城市。因此,它一度号称"东方第一大港"。

悠久的港口历史

在南唐保大四年(946年),对泉州的经济、文化建设,特别是泉州港海外贸易的发展作出过杰出贡献的泉州最高长官留从效,为健全和严密统治机构,加强海外贸易的管理,在唐子城内修筑了一座坚固的衙城,作为府衙的所在地。接着,又进行拓展泉州城的伟大工程。留从效新建的城池,周围达20里83步,高1丈8尺,共设7门。城外有濠,碧水环流,萦回如带,宏伟壮阔。在拓建过程中,留从效特别重视面向港口的城东"仁冈门"和城东南"通源门"的建置,使港城联系更加便捷。城内的街道加宽了,客栈、库房也兴建起来。所有这些均大大有利于货物的运输和商旅的活动。城池重筑后,还沿城环植唐时泉州的著名风景树刺桐,火红的刺桐花与高大的城墙相映成趣,极富诗意。诗人曾留下"帝京须早入,莫被刺桐迷"和"刺桐为城石为笋"的美妙诗句。也许这浓烈的诗意给人们的印象太深刻了吧,刺桐就从此成为泉州美丽的象征,并常以它代称城市和港口。随着中外商人的足迹,"刺桐港"开始蜚声海外。元代来中国的外国人,如著名旅行家欧洲人马可·波罗和非洲人伊本·巴都他写的游记中,都根据当时人们的称呼,把泉州称为"刺桐城",而称泉州港为"刺桐港"。于是,"刺桐城"和"刺桐港"驰名中外。

"刺桐城"的出现,反映了泉州港对外贸易的飞跃发展。对外贸易的发展,又带动了泉州经济的发展。

宋代泉州已成为全国丝织业的中心之一,曾与杭州并称一时之盛。泉州所产的丝织品种类繁多,花纹美观,色彩绚丽,质地轻柔,北宋时已有"绮罗不减蜀吴春"的美誉。也就是说,泉州生产的丝织品可与川、浙的丝绸相媲美。1975年10月,在福州市北郊南宋黄升墓中出土的100多件丝织品,鉴定为泉州织造的。这些被印染上各种颜色的罗、绢、绫、纱等衣物和料子,采用描金彩绘、印花和绣花的技法,装饰出秀丽逼真的花草、动物等图案,质地韧薄、织工精巧、色彩丰富、纹样优雅,充分反映了宋代泉州丝织工艺的高度成就。

泉州的制瓷业在宋代进入了蓬勃发展的时期。无论是大批窑口的兴建,产品数量的激增,还是烧制工艺所达到的水平,都是以往朝代所不能比拟的。据近年来考古调查,泉州府各县已发现的宋代窑地达100多处,为历代窑址之冠。主要有德化盖德窑、泉州东门窑、晋江磁灶窑、同安汀溪窑和安溪桂瑶窑等。从采集和发掘的标本看,有碗、瓶、盆、壶、杯、洗、盏、军持以及各种雕塑品。不仅种类繁多,造型优美,且釉彩丰富,光泽莹润。由于泉州瓷器品多质好,大量出口,就成为宋代最主要的对外贸易品。

泉州宋代矿冶业也十分发达,各县均产铁砂、置冶冶炼。与矿冶业有关的各种金属品铸造业也随之发展起来,产品大量供给国内市场和远销海外,是泉州的重要利源之一。所造锅、鼎、针等铜、铁制品输出南海诸国。据《泉州府志》记载:宋时泉州"金银铜铁、海舶飞运、所失良多",由此可见泉州矿冶业的兴盛和外销数量之多。

制糖业在泉州占有十分重要的地位。10、11世纪,泉州已成为甘蔗生产的中心之一,制糖业十分兴旺。制成的白砂糖、糖霜,大量"泛海售商",宋时泉州糖曾运销占城、真腊、三佛齐(今印尼苏门答腊岛东部占碑一带)、单马令(今马来西亚境内)等国。

"春回绿野家家酒"。宋代闽中以酒为生者众多,泉州家酿极多,因此酿酒业在泉州也十分兴旺。所酿之酒醇厚芳香,享誉盛名,泉人常饮。当时泉州造酒产量很大,亦销售海外。

泉州的制盐业自宋代以来就盛于各地,十分发达。沿海一带,民众多以制盐为主,盐亭分布很广,产盐除供本地食用外,还运销内地和外销单马令等海外国家。

泉州地方多山,竹木茂盛,是造纸的好原料。因此泉州的造纸业和印刷业也十分发达。所产蠲符纸、官令纸洁白坚滑。南宋嘉定年间,(1208－1224年),曾于安溪县设印书局,刊印《司马温公书仪》、《唐人诗选》等各种书籍。

泉州人素以善于造船而著称。唐代泉州的造船技术随着海运事业的兴盛,有了更进一步的发展。天宝(742－756年)年间,泉州已能建造身长18丈、次面宽4丈2尺许、高4丈5尺、底宽两丈、桅高10丈多、可贮货品2至4万担之多的大船。

泉州港出土宋代海船

唐代泉州不仅可以造大船,而且能够多造船,有一个叫林负的大海商,就建造了百艘大舟,现在的晋江蔺栖乡,就是当年专门为其打制船索的地方。

此外,像制作玳瑁梳子等这样的日用手工业也在泉州相继出现,随着以海港为中心的周边地区社会经济的发展,使外销商品越来越丰富多彩。

泉州港进入鼎盛时期,以其空前的繁荣和多色调的都市风貌,为世人所瞩目。而第一个为我们揭示这一历史场景的,是中世纪最著名的游历家、意大利威尼斯人马可·波罗。

至元28年(1291年)冬末,在元廷服务了17年的马可·波罗,奉元祖忽必烈的命令,护送蒙古公主阔阔真远嫁波斯为王后,由大都来到了泉州城。泉州港的繁荣,给这位游历家留下了深刻的印象。他在风靡欧洲的《马可·波罗游记》中是这样描述在泉州所目睹的事实的。"离开福州以后到第5天傍晚,抵达宏伟秀丽的刺桐城。在它的沿岸有一个港口,以船舶往来如梭而出名。船舶装载商品后,运到蛮子省各地销售。运到那里的胡椒,数量非常可观。但运往亚历山大供应西方世界各地需要的胡椒,就相形见绌,恐怕不过它的百分之一。刺桐是世界上最大的港口之一,大批商人云集这里,货物堆积如山,的确难以想象。每一个商人,必须付自己投资总额百分之十的税收,所以,大汗从这个地方获得了巨额的收入"。他还谈到了这里的一切生活必需品非常丰富;德化出产的瓷器,物美价廉,一个威尼斯银币居然能买到8个瓷杯;永春的白糖是经埃及人来此传授技术后而制造出来的等等。

中世纪摩洛哥国丹吉尔港游历家伊本·巴图泰也在他笔下详细记述了他到泉州后所见到的情景。"渡大洋后,所至第一城,即刺桐也……刺桐城极扼要,生产绸缎,较汉沙(杭州)及汗八里(大都)二城所产者为优。刺桐港为世界上各大港之一,由余观之,即谓为世界上最大之港,亦不虚也。余见港中,有大船百余,小船则不可胜数矣。此乃天然之良港。为大海伸入陆地,港头与大川相接,城内每户必有花园及空地,居屋即在其中央。正犹吾国之赛格尔美撒城内情形"。

当时,作为世界上最著名的商埠之一,刺桐港这个名字经常出现在人们的游记、史著和书札中。在西方人笔下持续了整整半个世纪高度繁荣的刺桐港,在13、14世纪,它的名字就象现代人熟知纽约和东京一样。

就连15世纪70年代航海家哥伦布着手进行东航时,也知道在令人神往的中国有这么一个举世闻名的巨港。

繁荣兴旺的外贸港城

泉州港在海外贸易方面的地位和作用是十分重要的。历代统治者都十分注重海外贸易,他们推行"交好邻国、奖励通商"、"招徕海中蛮夷商贾"、"尽去繁苛,纵其交易"的政策,加强对海外贸易的管理,促进海外贸易的发展。一个时期,泉州港的海外贸易相当活跃,通过海路与泉州港贸易往来的国家和地区相当广泛,不下60处。其范围包括东亚、东南亚、南亚、西南亚以及非洲的广大地区。

东亚:泉州与高丽、日本的贸易往来十分频繁。从泉州去高丽,经宁波一般5—7天至20天便可到达。与日本的关系也很密切,有不少泉州人贩货到日本,又转买回货,到泉州销售。

东南亚:泉州与印度尼西亚群岛和中南半岛上的许多国家和地区早就开始通商往来了。包括现在的印度尼西亚、马来西亚和菲律宾的许多地方,东南亚历来是泉州港海外贸易最重要的地区,泉州商人在这一带的活动最为活跃,不仅在这里做买卖,有的还兼通番汉两种文字,成了东南亚诸国对宋朝贡的媒介,备受当地政府的重用。

南亚:宋代称印度次大陆地区为"西天诸国"。通过海路与泉州往来的国家有南毗(今印度西南部马拉巴尔一带)、故临(今印度西南奎隆)、胡茶辣(今印度西海岸北部古吉拉地区)、注辇(今印度科罗曼德尔沿岸)、鹏茄罗(今孟加拉国及印度西孟加拉邦地方)、细兰(今斯里兰卡)等。

西南亚:宋代把阿拉伯地区的伊斯兰教诸国称为"大食"。比较著名的国家有麻嘉(今沙特阿拉伯麦加)、瓮买(今阿拉伯半岛东南部阿曼)、记施(今波斯湾基什岛)、白达(今伊拉克首都巴格达)、弼斯啰(今波斯湾北岸巴士拉)、吉慈尼(今阿富汗加兹尼)、勿斯离(今伊拉克北境摩苏尔)

等。从泉州到大食,一次大概需要2年时间。

非洲:位于北非的易斯里(今埃及开罗)、遏根陀(今埃及亚历山大港)、默伽猎(今摩洛哥)和东非海岸的差拔(今坦桑尼亚桑给巴尔)、弼瑟啰(今索马里柏培拉)、中理(今索马里沿岸)、昆仑后期(今马达加斯加岛),甚至远在西欧的斯加里野(今意大利西西里岛)等国家,也通过海路与泉州发生贸易关系。

宋代由泉州港输出的商品,既有当地的,也有如建州腊茶、龙泉青瓷器等国内不少州郡的货物。

宋代泉州港向海外诸国输出的货物,大致可分这么几类:

陶瓷器。中国以盛产瓷器而著称于世,是深受各国人民欢迎的主要贸易品。在日本、马来西亚、印度尼西亚、菲律宾、斯里兰卡、土耳其和肯尼亚、埃及等国,都在博物馆收藏和陈列许多当地出土的中国瓷器。

纺织品。海外诸国向来喜爱中国的纺织品,泉州港的绢、锦、绫、丝等纺织品远销20多个国家和地区。

药材。经泉州港输往亚、非、欧各地的中国药材,有黄连、大黄、牛黄、当归、川芎、朱砂、甘草等60余种,极受各国人民的欢迎。

金属及其制品。金属与各种金属制品也是当时的外销货物之一。铜鼎、铜锅、铁鼎、铁锅、铁针、铅网坠和金银器皿、锡器以及铁、铜、乌铝、白锡、赤铜、金、银等都大批出口。

其他如酒、糖、茶、盐以及米、麦等农副产品和漆器、漆碗、雨伞、凉伞、绢伞、草席、梳子等日常生活用品,还有纸、笔、建本文字牙臂环、五色珠子、皮鼓等文化艺术品,胭脂、朱砂等化妆品也远销海外各国。各种货物的大量出口,促进了泉州生产力的发展,也对社会生活的各个方面带来很大的影响。

泉州通过海口丝绸之路与世界各国进行贸易活动,给世界各国带去了中国精美的瓷器和其他丰富的物品。

近几十年来,在波斯湾沿岸的巴斯拉、乌字拉、喜拉、吉祈和西拉夫等地,都曾发现经由浙闽沿海外销的宋代龙泉青瓷碎片。在斯里兰卡岛西北部的曼台,也发掘出一些我国古代陶瓷器碎片,经鉴定这些瓷器是12至16世纪间,由中国输出的。在埃及的开罗古城福斯特遗址,也曾出土许多我国宋代(10至13世纪)的青瓷器和少量元明时代的青花白瓷片。在肯尼亚,发现有安溪窑的宋代瓷器。

泉州海上丝绸之路

频繁的贸易和人员往来,促进了泉州与亚非各国的经济文化交流。指南针、火药、印刷术三大发明是我国劳动人民勤劳智慧的结晶,其中指南针和火药,就是通过海外交通贸易,经阿拉伯商人西传到欧洲的。12世纪初,我国在航海中已普遍应用指南针。宋时,阿拉伯和波斯商人来泉州、广州等地贸易,多在印度的故焰换乘抗风力强的中国海船。通过换船,彼此交流了船舶驾驶技术和经验,因而各自都熟知对方海船的设备、性能及其优劣,我国的航海指南针,就这样传到了阿拉伯。

色彩缤纷的国际都市

泉州港随着海外贸易而极盛和大批外人的聚集,更多地呈现出国际都市的色彩。

现在泉州城的居民中,有许多姓金、丁、夏、马、郭、葛、蒲、卜、哈和铁的人家,据族谱材料考证,他们的祖先都是和阿拉伯人有血缘关系的。元代时泉州的居民成分从来没有这么复杂过。除了汉人和蒙古人外,来自阿拉伯、波斯、叙利亚、也门、亚美尼亚、印度、占城、爪哇、吕宋群岛以及遥远的非洲和欧洲各地的人们,像潮水般地涌入这个城市,这些外国人,无论人数或国籍,都要比南宋时多得多。他们有商人、传教士、教徒、游历家、水手、骑士、妇女和儿童,也有王子、贵族和使节。在这些肤色不同、服饰各异的外国人中,又以头裹白巾,来自波斯和阿拉伯的穆斯林居多。当时有诗人描写泉州的情景道:"缠头赤脚半番商,大船高樯多海宝。"这些来泉州做买卖的商人,有的在贸易成交后立即起程返航,也有不少人因错过季风期不能开航,而逗留在泉州等待下一个季风期。住的时间长了,有些人就在泉州安家落户,把泉州作为自己的第二故乡。泉州人一般称他们为"南海番客"。他们与泉州人民友好相处,有的和当地人互通婚姻,死后也葬在泉州。他们的子孙后代,早已成为中华民族家庭中的一员。当时泉州民间流传有"回半城"、"半番街"的说法,唐朝时泉州也有"市井十洲人"之称,可见泉州外国人之多。

近60年来,特别是20世纪50年代以来,在泉州及其附近发现的数以百计的伊斯兰教、古基督教、摩尼教和婆罗门教的墓碑和其他石刻,确凿地证明,宋元时期阿拉伯、波斯、印度以及欧洲各国人民,来泉州经商、传教或游历的人数颇多,其中不少人死后埋葬在泉州。

事实证明,从7世纪中叶开始,当阿拉伯商人向东方谋求更大的海上贸易利益时,泉州港是他们最早问津的口岸之一。这一时期,泉州港与海外发生贸易关系的范围已逐渐广泛。海外商人,首先是穆斯林商人和传教士也纷至沓来,在泉州港进行商业或宗教活动,使泉州港这个繁华的东方都市出现了"船到城添外国人"的盛况。

为了鼓励这种海外贸易,唐王朝曾在一份诏令中,要地方官对"岭南、福建及扬州番客,宜委节度观察使常加存问",同时采取了一些保护外商的切实措施,给予"任其来往通流,自为交易,不得重加率税"的优遇。还从南部安海,东石港通往州城的陆路上,沿途置店列肆,设驿馆招待往来旅客。这些措施,都有利于中外经济交流的进一步发展。

为加强中外交流,泉州还设有为外国人开设的专门学校——"番学",让外商子女在中国受教育,学诗赋。伴随阿拉伯人的大量来泉州经商,他们信奉的伊斯兰教及其宗教艺术也传入泉州。至今留存在泉州涂门街的伊斯兰教寺——清净寺,就是研究古伊斯兰教建筑和中阿文化艺术交流的珍贵遗迹。侨居泉州的外国人,也致力于当地的一些公共事业。如南宋嘉定四年(1211年),捐资大修泉州城和助建了顺济桥,为港市的建设贡献了力量。

泉州人民与各国人民的友好往来

随着泉州经济的不断发展和海上贸易的扩大,泉州人与世界各国人民的交往日益增多,泉州人除了与来泉州经商贸易的各国商人友好相处外,还乘船渡海前往各国进行贸易。从真宗大中祥符八年(1015年)至哲宗元祐二年(1087年),泉州商人到高丽国贸易的有15起,计400多人。熙宁四年(1071年),高丽国"始复遣使修贡",就是"因泉州黄慎者为向导",才使中断了数十年的两国关系重新恢复起来的。前往南海诸国贸易的那就更多了,庆历元年(1041年),泉州商人邵保曾至占城国,便是一例。

除了到各国贸易的泉州商人外,泉州在各国的华侨也很多。泉州人历史上出国有三个高潮。一是顺治、康熙年间(1644－1722年),多数是抗清的起义者,斗争失败后逃往南洋;二是雍正、乾隆年间(1723－1795年),许多人因残酷的封建剥削,为生活所迫而出洋;三是嘉庆、道光年间(1796－1850年),有不少人是被西方殖民主义者诱骗去做苦力的。

这些出国的华侨绝大多数是劳动人民,他们是一支由百工技艺组成的劳动大军。明清时期,华侨和侨居地的人民共同劳动,共同斗争。许多华侨都直接参加侨居地的开发事业和生产劳动。

华侨到南洋,把我国的劳动工具和生产技术传播出去,促进了当地生产的发展。值得重视的是铁器传往南洋。虽然封建王朝统治者禁止生铁和铁器出海,可是活跃在海上的人们依旧把这类物品运销海外。铁器是泉州港海外贸易的重要商品之一,在国际市场上很受欢迎。与此同时,华侨也从南洋各地引进了一些对我国人民生产和生活有利的东西。例如从吕宋传入了番薯良种。

明万历年初,番薯良种传入福建,泉州最先种番薯的是晋江安海灵水村。番薯是一种高产作物,它生命力强,能随处生长。它的块茎,既可以直接煮食,也可以切片晒干贮存。因此,各地纷纷传种。泉州原是个缺粮地区,当闹天灾粮荒的时候,百姓唯靠食番薯度日。从此,番薯遍种于泉、漳各地。特别是不适宜种水稻的山乡,一年的食粮大部分靠番薯。到了清初,番薯由福建传种到我国其他各省,成为重要的农作物之一。

番薯

明朝后期，至少有十几万华侨散居于南洋各地，其中住在吕宋（今菲律宾）的华侨有3.4万人，住在爪哇的有2.3万人。这些到南洋谋生的华侨，积极参加居住国的开发、建设，把居住国当做自己的第二故乡。他们有的开垦荒地，种植稻子、甘蔗、胡椒和茶树；有的上山开矿，经营金矿、锡矿；有的行医；有的还从事手工业生产。他们以辛勤的劳动，同居住国人民一起开发了当地的资源，促进了南洋经济和文化的发展。他们世世代代生活在那里，同居住国人民和睦相处，有的和当地人互通婚姻，加强了我国人民和这些国家人民的友谊。这种友谊是在中国人民同各国人民在共同劳动中形成的，是有着深厚的物质基础的，源远流长的。

郑和与泉州

500多年前的明代，我国著名的航海家郑和曾先后7次率领着由航海巨舶，当时世界上最大的、上千吨级的"宝船"为主体组成的百余艘的庞大船队下西洋，浩浩荡荡，雄伟壮观。不仅在当时没有任何一个国家的任何一支船队能够与之相比，就是近百年后欧洲航海家的船队与之相比，也要黯然失色。

郑和奉命率领近3万人的海师，先后7次下西洋，出使亚、非30余个国家，扩大和加强了对海外的联系，使明帝国的官方贸易进入了一个新的发展阶段。这一世界航海史上的空前壮举，同泉州港也有着极为密切的关系。这个宋元时期通西洋的著名港口，明政府几次遣使海外，多从这里发舶，并多以泉州人为使。正因为这样，才吸引郑和多次来到泉州。这位虔诚的穆斯林，为了祈求航海平安，到泉州伊斯兰教圣墓行香，至清真寺礼拜，还遵照前代的仪典，上九日山祈风，并重修了天妃宫。更为重要的是，素负盛名的泉州造船和航海技术引起郑和特别的兴趣和重视。在这里，他雇海船、招水手、聘通事、组织陶瓷、丝绣等大批货物后，航行西洋。当时，还有一些泉州人以随从人员的身份，跟随郑和出使西洋。

郑和是明朝皇帝亲自派往亚非国家的"正使",就其活动的性质看,既不是一般的商船队,也不是一般的外交使团,而是具有外交和贸易作用的双重船队。郑和出使的目的之一,就是招徕各国称藩纳贡,与这些国家建立起上邦大国与藩属之国的关系。

郑和下西洋的船队

郑和的船队出访世界各国,架起了明朝与各国进行和平贸易的桥梁。郑和船队以中国的手工业品换取各国的土特产品,使各国为中国的手工业品的精美、完好所吸引,来中国称藩纳贡,进行贸易。为了做买卖,郑和的船队每到一地都仔细了解当地的物产,有哪些谷物、蔬菜、水果、矿产、奇珍和异兽,以便进入目的地同这些国家进行贸易。

郑和船队的出使,加强了中国和亚非各国人民的经济、文化交流和友好往来,使中国的先进文化更多地传播到亚非各地,也使亚非各地的一些土特产品、特别是药材等传到中国。这对各国人民,包括中国人民在内,是非常有益的。郑和的船队确实是一支兼有通商和外交使命的、和平友好的船队,它在辽阔的南海和印度洋上架起了一座沟通各国人民友谊的桥梁,为这一地区的经济文化交流作出了贡献。

泉州桥梁甲闽中

来到泉州，人们会惊奇地发现泉州的石桥特别地多，形成当地的一大特色。

宋代以前，泉州境内几乎没有兴建过较大规模的桥梁，石桥更为罕见。随着泉州与海外贸易的开展和贸易量的增多，交通问题成为贸易能否顺利开展的一个关键问题。为打通与各港口的交通，入宋以来，泉州地区的石桥，尤其是大型石桥的建设迅速发展起来。继北宋洛阳桥修建之后，于南宋掀起了一个造桥热潮。这一时期是历史上建造桥梁最多的年代。从江河之一到海湾，岛屿与陆地之间，从东南海滨至内陆山区，都先后建起了许多桥梁。在短短的150多年中，建造的大中型石桥有上百座。据不完全统计，总长度近60里。绍兴年间（1131－1162年）造桥达到高峰，建造石桥的数量最多，连续30来年，造桥30余里，占南宋造桥梁总长度的60%以上。仅晋江县，宋代修筑石桥50座，造于南宋的35座，而绍兴年间就建造了13座。

南宋泉州桥梁以其数目之多令人惊叹，更以石桥之长和长桥之多为世人所称道。这是造桥热潮的一大特点。近千年前造的洛阳桥，不仅开创了在江水入海口上造桥的先例，而且其长度达到了一个空前的新纪录，是我国桥梁史上出现的第一座永久性多孔式跨水长桥。在洛阳桥建成90年后，又建造了跨海5里的安平桥。南宋泉州长石桥的大量兴建，不能不说是一大创举。在这许许多多的桥梁中，长度超过5里的有4座，与洛阳桥不相上下的亦不少。80丈以上的桥就更多了，仅晋江一县就有14座。如此长桥的成批建造，无论在当时或现在，都是工程浩大、结构宏伟的奇观。历史上，像泉州这样成功地多造桥、快造桥、造大桥和造长桥是绝无仅有的。怪不得古人称颂"闽中桥梁甲天下"，而今人赞叹"泉州桥梁甲闽中"了。

泉州洛阳桥

宋代泉州大地石桥的兴建,在我国桥梁史上留下了绚丽的一页。桥梁建筑方面如"筏形基础"、"睡木沉基"等许多成就,为发展我国以至世界古代桥梁技术作出了不可磨灭的贡献。"筏形基础"就是我国建桥工程中的一大发明,近千年前的建桥工匠们,在江底沿桥梁中线满抛大石块,形成横跨江底的矮石堤作为桥墩的基址,从而成功地创造了直至现代桥梁工程中仍在应用的"筏形基础"造桥工艺,成为世界桥梁技术中的创举。

泉州石桥的大量兴建是与当时海外贸易的发展有着极为密切的关系的,造桥热潮中的高峰期,正是泉州港与世界各国海上贸易的最繁荣期。海外贸易的开展,为建造石桥提供了大批经费,而石桥的建成,又促进了海外贸易的开展。归根结底,南宋泉州造桥热潮的出现,是海外贸易兴盛的结果。

广州港

广州港是我国古代著名的四大海港之一,地处我国大陆的南方,居广东海岸线中央。东与粤东广大地区接壤;西连广东重镇佛山;北有白云、越秀二山;南濒浩荡的珠江,并与珠江三角洲平原连成一片。珠江口外岛屿众多,水道纵横,航线交织,有虎门、横门、磨刀门、崖门等出海水道,是祖国的南大门。

现代广州港

广州港属南亚热带气候,在北回归线的南缘。由于海洋性气候的调剂,每年10月至次年2月吹北风,其余月份刮东南风及南风,这为古代帆船航行提供了重要的条件。夏秋天偶有台风袭击,但抵达本港的风力一般在6至8级左右。

广州港为一东西走向的溺谷湾,在远古时代属溺谷湾的湾头河口区,由于广州地理位置距北江、东江和珠江的主要出口稍远,输送到此地的泥沙较少,所以能长时期内维持一定的水深,使数千年来,广州能成为河港而兼海港屹立于祖国的南方。

悠久的港口历史

广州自古以来就是中国与海外进行贸易的繁华港口，唐代以来又成为全国最大的贸易港，也是世界性的贸易大港，航线四通八达，对外贸易的繁荣超过以往任何一个朝代。

广州通往世界各国有许多条航线，同世界各国进行贸易。据考证，当时从广州至海外各地的航线，经常性的定期航线有6条：

（1）广州、南海（即东南亚）、锡兰（斯里兰卡）、阿拉伯、波斯之间（此线经阿拉伯海岸入波斯湾）；

（2）广州、南海、锡兰、美索不达米亚（即伊拉克）之间（此线经阿拉伯之南经亚丁峡、红海）；

（3）波斯、锡兰、南海、广州之间；

（4）阿拉伯、锡兰、南海、广州之间；

（5）锡兰、阇婆（爪哇）、林邑（越南中部）、广州之间；

（6）广州、南海之间。

当时往返这些航线的除中国人外，尚有阿拉伯人、波斯人、印度人、欧洲人、东南亚诸国的使节和商人。船舶有南海舶、番舶、西南夷舶、波斯舶、师子国舶、昆仑舶、昆仑乘舶、西域舶、蛮舶、海道舶、南海番舶、婆罗舶这12种，呈现一派繁忙景象。

当时与中国直接通商的有三大地区,即以塞利佛誓为首的东南亚地区;以印度为首的南亚地区;以大食为首的阿拉伯地区。《广州通海夷道》就是通过丝绸、香药的贸易,进而把中国与这三大地区的经济连接起来的一条航道。当时中国是一个经济大国,科学技术和文化水平都居于世界最先进的行列,所以中国的影响最大。在这些地方,不但行销中国的商品,传播中国的先进科学技术和文化,而且还通行中国的货币。有些港口就是因为与中国通商而繁荣起来的。如位于现在苏门答腊东岸的末罗瑜,便是在这个时期,作为东西方贸易的中转港而发展起来的。中国、阿拉伯、印度及其他东南亚国家的商船均来此地,使它成了这个地区最重要的转口贸易港。历史上著名的西拉夫港,也是通过与广州的贸易而繁华起来的。当时的埃及,成了亚洲同欧洲、东方同西方贸易的枢纽,而最能吸引顾客的就是中国商品,特别是丝织品。这些商品又进一步转销至罗马和东非的索马里,摩加迪沙、桑给巴尔等地,埃及的亚历山大港也成了东西交通和贸易的一大中转港。

广州港和广州府城画(局部)

外贸的兴盛促进了广州商业的发展,各地的商人不仅相互往还,还有不少在广州定居。外国商人也纷至沓来,甚至与中国商人联合经商。当时对外畅销的商品主要有广彩、陶瓷、文具、工艺品、佛山铁锅、建筑材料、白糖、广绣、广纱、广缎、象牙雕刻工艺品、果品、蜡、藤器等。这些"广货"大量进入国内外市场,饮誉四海。从国外及外地输入的商品有大米、棉花、洋纱、洋布、呢绒、药物、军火、名酒、煤油等。由于贸易顺差、大量银元在广州地区流通,协调了市场商品种类及价格等。商人们还自发地组成商会,有组织地进行商务管理。此外,还有不少长久与广州有通商关系的省份和国家的商人,在广州设立商业会馆。

对广州港商业的繁荣和外贸的繁忙景象,当时来到中国的外国人也有详细记载。

葡萄牙传教士克罗兹尔在嘉靖三十五年(1556年)就到了广州。他在《回忆录》中详细描述了广州——这个美丽而诱人的城市。他说,在广州的街道上,市民们来来往往,人数众多。这里有富裕的原料,很多手工艺人都为出口贸易而工作,出口的产品也是丰富多彩的。例如:有用彩色丝线盘曲地绣在鞋面上的绣花鞋、彩漆绘画盒、硬木家具(如写字台、桌、椅、木雕的床)、镀金的铜盘、瓷器等,都是绝妙的艺术品。广州的轿子也是很多的,价格很高,四边各有一扇小窗,窗子上的花格是用象牙、红木雕成的。奇怪的是,坐在轿子里的贵族人可以透过窗棂和花格看到外面街道上的情景,而自己却不会被外面的人看见。庞大、坚固的城墙四周约有12350步,厚约12步,和葡萄牙的首都里斯本的城墙相仿,但主要的街道却比里斯本最繁华的街道还要宽阔。

元代从欧洲来华的旅行家鄂多立克认为,广州是个比威尼斯大三倍的城市,船只之多,整个意大利都比不上。

摩洛哥人依宾拔都在他的《游记》中说,广州市场优美,为世界各城市所不及,其中最大的是陶器场。

英国商人兼旅行家威廉·希克在乾隆三十四年(1769年)来到广州,他在《回忆录》中也写下了对广州的印象:"当你到了这个城市后,发觉到她的景色是引人入胜和美丽如画的。宏伟而新颖的建筑,经常使外来人感到惊奇。珠江上运行忙碌的情景,就像伦敦桥下的泰晤士河。不同的是,河面上的帆船形式不一,还有大帆船。在外国人的眼光里,再没有比排列在珠江上长达几里的帆船更为壮观了。"

广州在当时成了我国沿海地区外贸最为繁盛的城市,到广州的外国商船在最盛时,平均每年达60艘,进口货值为出口的两倍。在这里集中了全国以及全世界的各种货物,因而享有"金山珠海,天子南府"之誉。

忙碌的广州港

广州海外贸易的发展,不但使广州一直处于"物货浩瀚"的繁荣之中,而且还促进了国内的经济繁荣,使之出现了一批新兴的商业城市。这些城市都建立在交通要道上,其中尤以扬州、洪州和泉州发展最快。此外,江南的苏州、杭州,因既是丝绸的产地,也是制瓷业和造船业的基地,由于与海外贸易有密切的关系,经济发展较快,也成为新兴的商业都市。

广州的海外交通和贸易,对古代中国经济的发展和世界文明的贡献,都具有重要的意义,它对世界历史的影响是深远的。

古市舶亭

古代广州的市舶亭,在现在的小市街附近。

所谓市舶,就是指从事对外贸易的船舶,这些船舶有中国的,也有外国的。古代的广州,是市舶最集中的一个城市。作为对外贸易港口,广州的历史可以上溯至秦汉时代。发展到南北朝时期,更是出现了"商使交属、风帆如织"的繁华局面。到了唐、宋两代,广州更一跃而成为全国最大的对外贸易港。随着船舶往来的增多和对外贸易额的增加,为了管理对外贸易和统一征收关税,唐朝政府便在开元年间,在广州设立了市舶司。宋平南汉后,也在太祖开宝四年(公元971年),首先在广州设立了市舶司。为了表示对这一机构的重视,同时规定由地方长官兼任市舶使之职。由中央委派的官员担任负责实际工作的监官职务。以后广州的市舶设司管理,可以说是从未间断过(明代还专门委派市舶太监进行监督),直至清代改设海关为止。可见我国从古时对对外贸易的管理就是十分严格和重视的。

明永乐三年(1405年)广州市舶司建怀远驿(在今十八甫,此图为遗址)

市舶司的职责,除了负责关税的征税外,还要负责全面管理对外贸易的所有事宜,并要协助宫廷采买所需的进口商品和负责一部分外事活动。由于市舶司给国家带来巨大的财源,因而一直都是由中央政府直接掌握和控制的,特别是广州这个口岸,因地位重要,贸易额大,有"天子南府"之称,市舶司的管理就更加严格。

关于古市舶亭的地点,元代陈大震在《南海志》中曾有记载:"市舶亭在朝宗门外,至元十九年(1282年)创建。"朝宗门在元代属西域的南门,在小市街附近,所以朝宗门外的市舶亭,应该在小市街以南。

朱彧在《萍洲可谈》中也写道:"广州市舶亭,枕水有海山楼,正对五洲,其下谓小海。"又写道:"泊船市舶亭下,五洲巡检司差兵监视,谓之编栏。凡舶至,帅(经略使)、漕(转运使)与市舶监官莅阅其货而征之,谓之抽解(征税)。"由此可见,市舶亭的设立,除了做征税之用外,还是市舶停靠的地方。为了防止走私漏税和夹带违禁进出口,市舶亭还派兵把守对市舶进行监视。

元代市舶亭建在朝宗门外,证明当时广州的主要码头区在西㘭,市舶亭就是为了方便征税和管理而设在这里的。

古代外侨聚居点——番坊

番坊在现在的广州光塔街,是古代外国商人的侨居之地。

广州的对外贸易发展到唐宋时期,达到鼎盛的阶段。许多外国人,特别是阿拉伯人,大批地来到中国,集中在广州,他们主要经营香料、犀角和象牙等物品。由于商务的关系,有些人就在中国久住不归,以后甚至把妻子和孩子也接到广州来居住,这些外国人喜欢居住在一起,久而久之便形成了一个侨民居住区。古时,我国人称所有的外国人为番人,所以,外国人聚居的地方,人们也习惯地称其为番坊。

番坊最早见著于文字记载的,是出于唐代的房千里的《投荒杂录》一书中,他在书中描写了山川物产,人民的风俗习惯,同时对番坊的景象也进行了描述。可惜此书已找不到了,幸好其中的一些资料还保留在顾炎武的《天下郡国利病书》中,我们从中可以知道9世纪30年代,广州便有了番坊。

番坊的出现,是同广州的商业繁荣和对外贸易的扩大离不开的,他们在广州主要是进行经商和贸易活动。在广州居住,可以直接采购当地的物产,直接销售舶来的货物,可以免受乘船在海上来回远渡颠簸之苦。外国商船也可以尽快卸下货物,直接装运已筹好的中国货物远航,加快了海上贸易的进程。

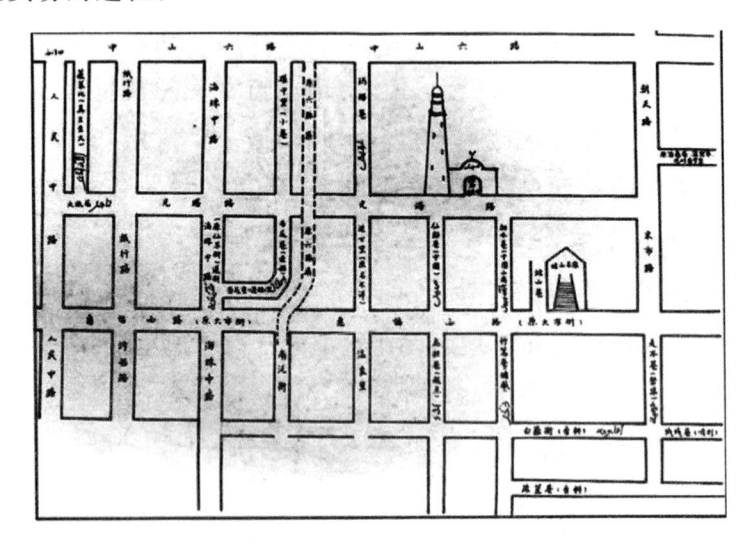

广州番坊遗址示意图

阿拉伯商人苏莱曼在唐太宗五年(851年)曾来广州经商,他在《东游记》中记述了广州番坊的一些情况,在番坊有回教教堂和回教牧师,同时还有回教判官,负责对侨民的治理。判官同时又是番坊的番长,是经番人选举产生的,对番坊的日常生活等事务进行领导和管理。当时的回教教堂,就是现在广州的怀圣寺。

番坊最繁盛的时期是在宋代。据《续资治通鉴长编》记载,熙宁时(1068-1077年)聚居在广州的已有"番汉万家"。可见当时广州外贸多么繁忙。庄季裕在《鸡肋编》中也提到,居住在番坊的波斯妇女,装束奇怪可笑,有的戴20多杖耳环。说明当时有不少阿拉伯人携家带口在广州定居。为了使番人的子女就学,番坊还开设了番学,教育番人子女攻习汉文。

在广州的番坊中也有不少的百万富翁,熙宁中期,番长辛押陁罗的家资就有数百万,轲适还封他为归德将军。他还倡议外商捐款资助广州修建城墙,为广州建设贡献自己的一份力量。当时还有一个姓蒲的商人,更是富甲一方,他定居在广州城内,有宏丽的住宅,花哨阔绰,挥金如土。另外,还有一个叫蒲亚里的番商,仅他一次运来的货物,就价值5万余贯。市舶司在收购他的货物时,把本钱都用光了还不够付他的款,最后不得不就地拍卖一部分商品,才付清了他的货款。可想而知他是多么地有钱。当时右武大夫曾纳羡慕蒲亚里的财富,为攀亲求财,就把妹妹许配给他。蒲亚里因买卖兴隆,就在广州久住不归,搞得皇帝怕他不回去,影响对外贸易的开展,特地指令地方长官动员他回国,以免造成国家财政损失。可见这些番商在对外贸易中所占的重要位置。

还有一些番商不但在广州经商,而且还在广州当了大官。例如在南宋孝宗、光宗年间,有一个叫海达的阿拉伯商人,当上了广东茶盐司提举,管军千户侯,主管全省茶叶和盐的市场管理及税收工作。由于他"悉心整顿,官山府海,赋税骤增,贡舶商帆,鹅湖云集,圜阓之盛,溢郭填城,府库充盈,间阎无怨"。由此可见,当时广州的外商资本,是具有一定影响作用的。

番坊一直在广州存在了很长时间,到元代广州对外贸易虽然被福建的泉州所超过,退居为全国第二位,但番坊在广州仍然存在。只是到了明代,由于明太祖朱元璋执行闭关锁国的政策,不准私人经营对外贸易,迫使外国商人无法在中国立足,广州的番人无法继续做生意,只好纷纷离开广州,广州的番坊才不复存在。只有作为一个地名让人们去回忆过去那段历史。

外国洋行的所在地——长堤

现在广州最繁华的街道——长堤,历史上是外国洋行的所在地。英国商人希克曾说,在城外不远,弯曲的珠江有一个码头,或者称为堤,它是用灰浆和胶泥把岩石整齐而有规则地砌成的,长度约在半英里以上。

他说的就是长堤的前身。

随着广州海外贸易的扩展,西方国家到广州进行贸易的人数急剧增加,随着业务的发展,一批外国商人就在广州暂时定居下来。荷兰、英国和法国等国的东印度公司也在广州设立办事处。在17世纪中叶,他们占据了长堤一带长约300英尺的沿江马路,并且蛮横地禁止中国人进入。英、法、荷兰、丹麦、西班牙、奥地利和瑞典等国家的商人们都修建起外国洋行建筑。这些高大的西洋风格的二、三层建筑,一般为巨大的正方形,屋顶是斜坡的,整洁而优雅,白色的砖墙,外表漂亮,和中国的建筑形成鲜明的对比,在屋顶上狂妄地飘扬本国的国旗。

20世纪30年代广州长堤

在广州出口的瓷器上,描绘了当时的真实情景。一箱箱的瓷器、茶叶和一捆捆的丝绸以及漆器、竹藤编制品和木雕家具,一般都放在建筑的底层。在洋行的前面,有个露天的广场(广州当局规定最大不得超过四分之一英里见方),也是堆放货物的场地。

在长堤附近,还有几条繁华的街道,开设许多贸易商行和为外国商人服务的商店,同时还可以兑换外币。在无数的商店中,欧洲商人光顾最多的就是瓷器商店。商店门前的招牌上写明是来自江西或福建的珍贵瓷器,所有这些瓷器,都是洋行的商人们组织采购来的。当时,江西景德镇的瓷器运输到广州,要先从景德镇起航、溯赣江而上,经江西的漓江,吉安而到赣州,然后从江西越过大庾岭,到达广东的南雄,再从南雄顺北江而下,经韶关、英德,最后到达广州,路程是非常艰难的。一件瓷器来之不易,就更得外国人的喜爱,如若再装船经历千难万险、远渡重洋销售到海外去,瓷器的身价就更高了,深受世界各国人民的喜爱了。

明清时期的外贸中心——十三行

在广州文化公园的北面,有一条马路,名叫十三行路。这十三行路说起来还挺有来历的,在清代曾经是全国对外贸易的中心,也是闻名遐迩的一条大街。

19世纪末十三行商馆码头

十三行街是因十三行商的设立而得名的。十三行是洋船的前身,原指清代专做对外贸易的牙行,因最初有十三家而得名。明清时期,广州的对外贸易全属官营,而以牙行经纪其事,开设牙行的多获厚利。清初诗人屈大均的广州竹枝词有云:"洋船争出是官商,十字门开向二洋;五丝八丝广缎好,银钱堆满十三行。"美国学者杜勒斯在1939年所著的《古代中国贸易》一书中说:"十三行街是一条中国的古老街道,这里有数不清的商店,提供多种多样的货物,如象牙、丝绸、金、银,甚至还有鸟和鸟笼、烟火、昆虫、猫、草药和狗等。这些商店所销售的货物,都给外国海员们带来好处。这些商店还出售古董和纪念品,小礼品,免费提供饮茶,有时还有当地的烈性酒(可能是白酒),对外国海员有很大的吸引力。"证明十三行在当时是非常繁华而热闹的去处。

十三行商馆前的集市

"十三行"这一名称相传始于明代,又称洋行、洋货行、外洋行。十三行并不固定为十三家,其数量依当年到广州的洋船多少而增减,洋船到的多,则生意兴隆,店铺也随之增多,反之则少。一般每个商行都和一个或几个国家的商船保持固定的关系,以保证货物供应的充足。

清代康熙二十四年(1685年),广州海关设立,海关名为专管对外贸易和征收关税等事宜,但实际上税收全由十三行主持承包。每当有洋船到广州,都由牙行出面设宴招待,并为其代办报关纳税和商品购销等业务。再以后,十三行发展成为一个特殊的组织,垄断了对外贸易的特权。大约在康熙五十九年(1720年)的时候,这些洋行的商人们为了适应对外贸易的发展需要而联合起来。他们固定日用商品的价格,简化缴付海关关税的日常手续,协调彼此之间商务上的纠纷,成为保持一定联系的商业集团。欧洲国家的商人们反映，"十三行"的中国商人们在商业上是守信用的。他们按照洋行规定的价格收购从欧洲运来的外国货物，又按照洋行价格代为选择和购买外商们要运回欧洲的中国货物，有时他们也成为欧洲商人和广州海关当局之间的调解者。外国史籍记载了商人们称赞我国洋行商人的良好经营作风和商业信誉。他们说，中国商人在任何时间、场合内，都尊重欧洲国家的商人，在签订契约、合同或遇到困难时，也给予同情、谅解和帮助。另一方面，中国的商人们经商都很机敏，能熟练地从事贸易，逐步积累了许多财富，赢得人们的赞誉和羡慕。在十三行的商人中，数潘、卢、伍、叶四家为首富，获利最多，发展成为广州的四家最大的买办阶级。其中最突出的事例就是商人伍敦元，他在19世纪的广州对外贸易中，被西方商人称为"商业上的君主"。在道光十四年（1834年）竟拥有资金达1600万美元，成为世界上有名的富翁。

随着贸易的进一步发展，十三行商又在十三行路以南，就是现在文化公园一带，建筑"重楼崇台"，租赁给外商居住，形成所谓的"十三夷馆"。到18世纪末，英、美、荷兰、西班牙、奥地利、丹麦和瑞典等国家的商人们都在此设立了商馆。乾隆十四年（1777年），广东地方政府在邻近各商馆处开辟新街，列肆其间，以方便外商购物，这条街就是现在的十三行路。据地方志记载，道光二年（1822年）十三行不慎失火，一气焚烧了7昼夜。烧毁的洋银溶化进水沟竟结成一条长达一二里的银块。所记载的虽然有些夸张，但商馆的规模之大，如此富有，由此可见一斑。鸦片战争后，依《南京条约》规定，开放五口通商，十三行遂失去其特权而逐渐没落。

十三行的建筑，多次被火焚烧。抗日战争期间，这一带更受到严重的破坏，成为一片瓦砾，原貌不可复睹。我们今天漫步在十三行路上，从附近的联兴、兴隆、德兴、宝顺、同文等以原来商号命名的街道分布范围，还能依稀可见当年十三行的繁华盛况。

中国第一座清真寺——怀圣寺

中国第一座清真寺怀圣寺又叫光塔寺,坐落在广州市内的光塔路,是伊斯兰教传入中国后最早兴建的清真寺。寺称怀圣,是以教徒怀念伊斯兰教的创始人穆罕默德而得名。怀圣寺是古代中国与阿拉伯国家人民友好往来的重要史迹。

在唐代,来广州经商的外国商人们都聚居在城西的"番坊"。他们的日常生活除了经商外,必不可少地还要进行本民族的宗教活动,为了开展宗教活动,外商们便捐资在番坊建起了这座清真寺。

怀圣寺

怀圣寺至今保存良好,现存的建筑有光塔、看月楼和大殿。光塔是寺内唯一保存着的唐代建筑,保留着阿拉伯民族建筑的独特风格。在寺的西南角,高达36米,整体以青砖结砌,外壁用石灰批荡。塔身呈圆柱形,设有层级循栏,从外表看去,犹如一支银笔挺立,所以叫做光塔。塔是实心的,有两条蹬道可以左右盘旋而上塔顶。由于蹬道太窄,只能分道上下，否则必然堵塞。在过去塔顶上曾铸有一只金鸡，可以随风左右旋转，以指示风向。明代初年时广州遭强台风袭击，金鸡被狂风刮坠。当年光塔脚下就是珠江岸边。每年5、6月间，往来商船进港，光塔又成为行船的导航标志。那时候，每天清晨，怀圣寺的教徒们都登塔呼号，以祈风俗。所以，光塔又是古代广州对外交通史上的一处重要遗迹。

怀圣寺里的看月楼，原是明朝时建的，位于大殿前，为红墙绿瓦的楼阁式建筑。大殿就是礼拜殿，已被毁坏，1935年重修时改为钢筋混凝土结构。

在现在兰圃的西边，有一片墓地，当地的老百姓都叫做回回坟，相传是早期来广州贸易、传教并参与倡建光塔与怀圣寺的阿拉伯教徒苏哈白赛的墓地。墓园正门上边嵌有"清真先贤古墓"的石额。墓室用砖砌成，平面呈方形，圆顶。人在墓室内说话，回声特别地响，所以人们又习惯地叫其响坟。这是广州伊斯兰教的又一重要遗迹。

今天，怀圣寺是广州伊斯兰教协会的所在地，这里已成为广州回族群众和伊斯兰教国际友人进行宗教活动的主要场所。

广州最早的佛寺——光孝寺

光孝寺坐落在广州市区红书北路，是全国重点文物保护单位，也是广州地区和海外进行文化交流最早的地方。

光孝寺的历史源远流长。俗话说："未有省城，先有光孝。"可见光孝寺的历史悠久。光孝寺建在西汉初年南越王赵佗的玄孙赵建德的故宅上。三国时虞翻在这里讲学，种了不少诃子树，因此又叫虞苑，也有叫诃林的。以后寺名几次更改：东晋隆安五年（401年）称王园寺；北宋时称万寿禅寺；南宋时叫报恩广孝寺，到绍兴二十一年（1151年）才改名叫光孝寺，一直世代相传，沿用至今，成为一方名胜，宋代羊城八景之一，就有"光孝菩提"的景致。

历史上有不少外国高僧到光孝寺来传教译经,进行思想文化交流。东晋隆安五年(401年),罽宾同(今克什米尔)法师昙摩耶舍最先到这里奉敕译经。南朝刘宋永初元年(420年),印度梵僧求那跋陀罗又来这里设戒坛,立道场,为僧徒传律授戒。梁天监元年(502年),印度和尚智药三藏也来光孝寺讲经演法,他还把从印度带来菩提树种在寺内。梁普通八年(527年),印度僧人达摩携带释迦的衣钵到广州,也曾在这里传授禅宗学说。陈永定元年(557年),西印度僧人波罗陀在寺内译经40部。唐朝神龙元年(705年),西域僧人般剌密谛三藏在这里译楞严经。这一切都在中外文化交往史上留下了可贵的篇章。

光孝寺瘗发塔

光孝寺规模宏大,建筑宏伟壮观,有很多文物史迹。现在寺内保存的大雄宝殿、瘗发塔、六祖殿、达摩井、睡佛楼等古建筑和东西铁塔及大批碑刻等,都是珍贵的佛教遗迹遗物,为我们研究中外佛教的交流和发展提供了宝贵的史料。

唐宋时期广州海外交通史遗迹——南海神庙

在广州东郊南岗村附近,有一座神庙,至今已有1000多年的历史了。这座庙就是南海神庙,古时候叫做"南海广利洪圣大王庙",是我国古代对外贸易的一处重要史迹。

南海神庙始建于隋开皇年间(581－600年),以后屡次修建,现在保存下来的主要是清代的建筑。庙由头门、仪门、左右长廊、礼亭和大殿等组成,规模宏大,结构布局严整。在庙前还有清康熙皇帝御笔亲书"海不扬波"的石牌坊一座。这座庙由于天然和人为的破坏,现在已经相当破落了。

南海神庙

在唐代,外国商船到广州的非常多,最多时每年有4千多艘,一时江上桅樯如林,岸上珍货如山,一片壮观的景象。诗人韩愈曾在诗中描述广州当年贸易繁盛的景象,"盖海旗撞出,连天观阁开,货通狮子国,乐奏越王台"。

古代的航海技术和航舶工艺都比较简陋,出海风险很大。所以,当时进出广州的中外商船的水手和商人们都登岸到南海神庙祭神,祈求出海一帆风顺,使南海神庙成为一个热闹的去处。

关于南海神庙,还有一个美丽动人的传说。古时候,有一支波罗国的船队来到广州。船上的外国商人一下子就被广州美丽的景色迷住了。他们弃船登岸,一路游览,来到庙前。有一位贾使名叫达奚司空,他还在神庙东西两旁各种了一棵波罗树。波罗树是一种能结无花果的奇树,结的果子俗称波罗蜜。达奚司空被广州神奇的景色深深吸引住了,竟忘记了开船时间,连同船人们的叫喊声也没听见,等到不知不觉夕阳西下时,才想起还要远航。他跑到海边一看,船队早已扬帆而去,大海空茫茫地竟无船队的踪影。他孤身一人,不禁伤心地掉下泪来。

善良的中国村民把他接到村里去住,可他每天到南岗村头的土墩上去眺望,希望有朝一日,能看到他们的船队来接他返回故乡。就这样日复一日,一连等了七七四十九天,船队没有盼来,他却化成了石人,站在那里,永不离去了。当地的村民后来就尊他为波罗神,把广利神庙也改叫波罗庙了。

唐宋以来,历代皇帝都派出大员到南海神庙祭祀南海神祝融。庙内外祭碑林立,原来有唐代至清代的古碑300多方,现在仅存30多方。这些碑上有不少记载着我国对外贸易和外商来华的情况,这些都是研究我国古代对外交通贸易史和广州地区社会发展的珍贵史料。

重庆港

重庆港地处我国中西结合部，水路可直达长江八省二市，是长江上游最大的内河主枢纽港，现为全国内河主要港口。

重庆港是重庆市水陆客货运的交通枢纽，长江与嘉陵江汇合处的水上门户。自储奇门经朝天门至临江门沿江一带，历来是客运水陆转运和货物集散的重要码头口岸。

重庆港所处地理位置优越，航运业发达。溯长江而上，可达泸州、宜宾；顺长江而下，可通万县、宜昌、沙市、武汉、南京、上海。沿嘉陵江而上，可达合川、南充等地。80年代中期全港拥有客运航线19条，长航8条，市轮渡11条。朝天门是港口的客运中心，有长航大型码头泊位8座，轮渡码头泊位5座。日平均通过流量为10万多人次。重庆港除望龙门和储奇门两座码头离市中心稍远外，其余码头泊位则高度集中在市中心区，客运量的2/3多由朝天门进出。

到21世纪初,重庆港客货运输港区拥有码头泊位114户,靠泊能力3000吨级的有8个,1000－1500吨级的有85个,公用码头、专用码头有203个,靠泊能力在300－1000吨级之间。朝天门港区一直是客运中心。九龙坡、猫儿沱、兰家沱为货运港区。长寿港区兼备客货运输能力。重庆港拥有仓库货场35万平方米。港区拥有各类装卸机械257台,最大起重能力为180吨。港区内拥有铁路专用线2.6万米,拥有机车6台,备有货车29辆。港口作业船只142艘,其中拖船10艘、驳船86艘、交通船4艘,锚地船11艘,其他工作船31艘。港区内还拥有锚地16个,可进行船舶装卸、停泊和编解队等作业。长江水深长年保持在2.5米以上,进出港航道吃水限制为2.7－2.9米。

重庆港是长江上游和西南地区最大的水陆交通枢纽,交通四通八达。铁路有成渝线至成都接成昆、宝成线;川黔线至贵阳接贵昆、黔桂、湘黔线;襄渝线至湘樊接汉丹、焦枝线。重庆港的九龙坡、大渡口、兰家沱港区均有专用线接成渝线;猫儿沱港区有专线接川黔线。公路则有319国道公路横贯东西,有210、212国道公路纵贯南北。还有省道公路通往四川省各市县和乡镇。长江干线在四川境内长987公里,重庆以上河段常年可通行300－500吨级船舶,重庆以下河段则可通航1000－

1500吨级船舶。目前,重庆港已开通重庆至上海、武汉、岳阳、宜昌和四川乐山、宜宾、沪州、合川、酉阳垄滩的定期航线。航空运输方面,目前重庆已开通至北京、上海、南京、武汉、沈阳、哈尔滨、大连、乌鲁木齐、兰州、西安、太原、洛阳、贵阳、昆明、长沙、桂林、南宁、厦门、汕头、广州、深圳、海口以及香港的定期航班。四川省内还有重庆至成都、沪州的航班等等。

重庆港的腹地辽阔,直接腹地是市辖9区12县,间接腹地包括四川及云南、贵州部分地区。腹地矿产资源丰富,煤炭、磷矿是重庆港近10年来的骨干货源,约占出口量的70%以上。冶金、机械、化学、建材工业产品每年都有一定数量的出口,其中钢铁所占比重较大。重庆工业门类比较齐全,以机械、冶金、化工、轻纺、食品等工业为支柱。重庆是全国汽车、摩托车重要生产基地,也是全国大型自动化仪表生产基地之一。重庆钢铁工业在西南居第二位,有色金属加工工业在全国名列前茅。重庆是全国化学药品主要产地。轻工业则以纺织和食品为主。港口输出腹地的产品还有:烤烟、油菜籽、水果、茶叶、皮革、禽蛋、蚕茧、蜂蜜、肉类等,还有木材、药材和野生动物等等。土特产品还有巴缎、荣昌陶瓷、梁山竹帘等等,远销国内外。

中/国/名/港 145

悠久的港口历史

重庆古称江州,据史书记载,周王室封宗姬于巴,即以江州为首府。公元前314年,秦张仪筑城于此,距今已有2000多年的历史。它是巴族人民生活的地区。

周朝时期为巴蜀国,秦、汉时期为巴蜀郡治,隋初及唐代为渝州治。

北宋时改称恭州,后又改为重庆府。相传,宋孝宗封子赴惇先为王,后禅为帝,自诩为双重喜庆,故改恭州为重庆府,重庆因此得名。

1929年设市,市区三面环江,形成半岛,城市依山建造,故又有"山城"之称。

昔日重庆港

1840年鸦片战争之后,外国资本主义势力逐渐侵入重庆。清光绪二年(1876年),根据中英《烟台条约》,英国派员进驻重庆。1891年重庆被正式辟为商埠,帝国主义侵略势力从我国东南沿海推进到我国西南腹地。此后,英、日、美、法各帝国主义纷纷在重庆设立领事馆、租界。他们一方面肆无忌惮地大肆掠夺我国资源,另一方面又大量倾销他们的商品到我国广大市场,一时洋货充斥,我国民族工业凋敝。从表面上看是促进了市场繁盛、航运业的发展,重庆也日益成为西南商业重镇,实际上是帝国入侵到我国西南腹地的一段丧权历史。

重庆港夜景

重庆港经过漫长岁月的发展,解放后,特别是改革开放以来,以及随着西部大开发战略的实施,现在的重庆已是西南地区最大的港口城市。

重庆巴渝文化

巴渝文化,博大精深,源远流长。巴渝文化是长江上游最富有鲜明个性的民族文化之一。巴渝文化起源于巴文化,它是指巴族和巴国在历史的发展中所形成的地域性文化。巴人一直生活在大山大川之间,大自然的熏陶、险恶的环境,炼就一种顽强、坚韧和剽悍的性格,因此巴人以勇猛、善战而称。早在殷周时期,生活在长江上游巴山渝水的先民便以勇猛强悍和歌舞著称,就是在参战时,也"歌舞以凌殷人"。近年来的三峡库区考古发现,更雄辩地证明:长江流域与黄河流域一样,同是中华民族文明的摇篮,巴渝文化历史悠久、绚丽多彩,是中华灿烂文化的重要组成部分。

重庆巴渝文化村　　　　　　　　巴渝舞

重庆地域文化有着十分悠久的历史积累。在巫山县龙坪村发现的"巫山人"遗址,是我国迄今为止所发现的最为古老的人类化石遗址。数十万年至数万年前的人类早期活动遗址,在市域范围内更是星罗棋布。到四千多年前,重庆地区有了原始的农业、制陶业和织造业,并形成了早期聚落和城镇,开始了建筑文化、园林文化的创造。

巴国文化的经济基础是渔猎与农耕混合型经济,即平坝丘岗的农耕经济与江河山岭的渔猎经济的相互结合。此外,以丝、麻、苎为主的纺织业,以制陶、竹编、漆饰为主的手工业,以礼器、兵器、杂器为主的青铜冶造业,以及煮盐业、丹砂业、酿酒业、果木业等等,各业并举,形成以农耕渔猎为主各业混合的经济格局。巴国江河纵横,巴人善于舟楫,交通畅达,商业渐兴。沿江也兴建了不少作为行政、军事和商业要地的城邑。除了长期在今重庆主城区的嘉陵江、长江交汇处这样的交通枢纽地建立都城外,巴国还先后在长江乌江交汇处的今涪陵城区,嘉陵江涪江渠江交汇处的今合川城区,长江边的今丰都城区和嘉陵江滨的今四川阆中城区,建立过重要都邑,形成了以巴人为主,包括濮人、共人、奴人、夷人等氏族,以血缘酋邦为基础的早期王权国家,实行土地世袭,文武分治,文设卿相,武设将军的王权统治。

长江像一条碧绿的飘带,弯弯曲曲穿行在巴山丛中。自古至今的重庆人,在歌吟爱情生活时,往往离不开对水的咏叹。比如,江边的渔夫追情妹,就借水起兴来传情:"小河涨水大河清,打渔船儿向上拼;打不到鱼儿不收网,缠不上妹儿不收心。"山里小伙想试探情妹对自己是否忠诚,也不忘随时向江水发出深情的叩问:"隔山喊妹山在应,隔河喊妹水应声。为啥山应你不应,流水有声你无声?"这些民谣都真实而深刻地歌唱了长江两岸民众淳朴清新的劳动和爱情生活。

重庆至巫山这段千里川江上,航道弯曲狭窄,明礁暗石林立,急流险滩无数。旧社会江上船只多靠人力推搡或拉纤航行,少则数十人多则上百人的江上集体劳动,只有用号子来统一指挥。因此,在滚滚川江上,产生了许多歌咏船工生活的水上歌谣——川江号子。

旧社会船工们的生活是极其艰辛的,他们就用悲愤而苍凉的声声号子来倾诉自己的不幸:

脚蹬石头手爬沙,
八根纤绳肩上拉。
打霜落雪天下雨,
一年四季滩头爬。
周身骨头拉散架,
爬岩翻坡眼睛花。
拉船的人如牛马,
不够吃来难养家。
凶滩恶水船打烂,
船工淹死喂鱼虾。
丢下父母妻儿女,
受饥挨饿泪如麻。
……

除了倾诉自己的苦难,旧时代那些天性乐观豪爽的船工们,也用号子来歌吟长江两岸的社会风貌和自然山水,随着江船的移动,船工们看见什么,即兴抒发。这里就不再列举。

号子话语不多,却能把古重庆的城门建筑及风土人情活脱脱地描述出来。

历史终于打开了新的一页，新社会的江上船只大多实现了机械化和半电气化的操作。即使这样，在特殊情况下，某些工种仍离不开人们的艰苦劳作，那悠远嘹亮的江上号子，仍时时荡漾在重庆以下的千里江面上。老船工蔡德元就曾唱过这样一首歌颂新生活的号子：

嘿呀，嘿呀，嘿嘿！
说长江（哟）道长江（哟），
长江两岸（哪）好风光。
烟囱林立马达响（哟），
瓜果如蜜稻麦香，
江船只只穿梭样（哟），
多装快跑日夜忙（哟）。
……

现代"川江号子"

这位船工的江上号子把新时代船工的弄潮风采传神地表达了出来，1987年7月，法国阿维尼翁艺术节组织"世界大河相会在塞罗纳河"的民间艺术交流活动，会议主办者通过我国文化部特邀蔡德元等人去会上演唱。当他们将万千长江船工用血和汗凝成的响亮歌声洒向舞台时，来自世界各地的观众和民歌手都惊呆了。他们各个都凝神屏息地用眼睛，用耳朵,用心灵去阅读一个古老而年轻民族的历史,阅读长江曾经发生过的种种悲欢离合。国际友人用"江河音乐"的称谓来赞美蔡德元等人演出的船工号子,说它完完全全"体现了中国对传统民间艺术的重视"。

重庆的山歌民谣中各种类型的劳动号子丰富多彩,打石头有"石工号子",抬滑竿的有"报路号子"。自古以来巴渝人民又喜欢"摆龙门阵"(讲故事),民间口头文学有着广泛的群众基础,直至今日喜欢"摆龙门阵"依然是重庆民间文学的一大特色。

独特的巴渝文化,铸就了重庆这块土地上深厚的文化底蕴,文化英才不断涌现,文化佳作业绩辉煌,文化艺术空前活跃。

重庆古城门

古城重庆多城门,"开九门,闭八门,九八一十七道门",这古老的传说至今还留在人们的话题闲聊中。

据传重庆的这十七道城门,原来是顺应风水,讲求生克,应"九宫"、"八卦"之象而构筑的,以示"金城汤地"的含意。这十七道城门,有九门是专供力夫挑两江河水入城的水门。后来,城内火灾频生,官府认为乃水门洞开不能制克火星之故,便将八道水门统统封闭。

过去重庆民间广为流传的一首《重庆歌》,可使今天的重庆人能够领略古城重庆昔日十七道门的风貌。《重庆歌》原文如下:

朝天门,大码头,迎官接圣(开)。

翠微门,挂彩缎,五色鲜明(闭)。

千厮门,花包子,白雪如银(开)。

洪崖门,广船开,杀鸡敬神(闭)。

临江门,粪码头,肥田有本(开)。

太安门,太平仓,积谷利民(闭)。

通远门,锣鼓响,看埋死人(开)。

金汤门,木棺材,大小齐整(闭)。
南纪门,菜篮子,涌出涌进(开)。
凤凰门,川道拐,牛羊成群(闭)。
储奇门,药材帮,医治百病(开)。
金紫门,恰对着,镇台衙门(开)。
太平门,老鼓楼,时辰报准(开)。
人和门,火炮响,总爷出巡(闭)。
定远门,较场坝,舞刀弄棍(闭)。
福兴门,溜跑马,快如腾云(闭)。
东水门,有一个四方古井,正对着,真武山,鲤鱼跳龙门(开)。

在重庆朝天门广场西侧的墙上列有一幅清乾隆年间绘制的"重庆古城图"。图上的重庆城有十七道城门,且八座门下分别注了一个"闭"字,表示其为关闭的门;九座门下分别注了一个"开"字,表示其为打开的门。我国古代的城一般都按东南西北四个方位开辟四个城门,而重庆为什么有十七道城门,且其中还有八道关闭着呢?

古时筑城墙主要是用于军事防御,辟城门则是供人出入。重庆城三面环水,一面倚山,地形复杂,地势蜿蜒崎岖,不能像其他城市那样方方正正地筑城墙,正南齐北地辟城门,只能按照地理条件及交通需要因地制宜,因而城墙不是"横平竖直"的直线,而是随山就水的曲线,故城门的开辟也只能随山就水,按需要而定,所以就远远超过东南西北四座城门了。

重庆城历史悠久。据考证,自宋朝始建洪崖门后,各朝各代都按当时军事、交通的需要,分别筑有城墙,辟有城门,但又都很不"系统"、很不"规范"。集重庆城门之"大成"者,乃明朝洪武年间的重庆守将戴鼎。戴鼎在镇守重庆期间,把前人修筑的城墙、辟的城门进行了大规模的加固、修缮,并新构筑了临江门等重要城门,完成了重庆城门"系列"的建设工作。那时的人都相信迷信,崇尚风水。相传戴鼎筑城辟门时,请了一个高明的"风水先生"看地形测风水,并按"金、木、水、火、土"五行来确定辟门的方位,以"九宫八卦"之象来确定辟门的数量。据《古城重庆》记载,戴鼎筑城辟门时,就"有意识安排九开八闭","是按照九宫八卦之象定的,九开八闭恰与九宫八卦相吻合"。

东水门

古重庆的房屋大都是竹木捆绑依山而建的吊脚楼。重庆气候炎热,房屋密集,极易失火,火灾历来是重庆的一大隐患。凤凰门、洪崖门等八门是离江较远,规模较小(构建时有意识地小于靠江边的朝天门、临江门等"水"门)的"旱"门。"旱"者"火"也。五行之中"水"是克"火"的,故而人们便将靠江的朝天门、千厮门、临江门、通远门、南纪门、金紫门、储奇门、太平门、东水门这九座规模较大的"水"门"开"着;将翠微门、太安门、人和门、凤凰门、金汤门、定远门、洪崖门、西水门(又称福兴门)这八座"旱"门关闭着,且除金紫门与储奇门外,每两座"水"门之间夹一座"旱"门。如朝天门、东水门之间夹翠微门,东水门、太平门之间夹太安门等等。如此一"开"一"闭"地连成一个环状,以"水"克"火",防止火灾的发生。这些都反映了当时的社会状况和人们的良苦用心。

戴鼎筑城辟门至今已六百多年了。岁月沧桑,历史变革,随着社会进步和交通发展的需要,那十七座城门或拆或毁,早已荡然无存了。现在,就是年逾耄耋的老重庆人也无法说出十七座城门的准确位置和模样了,留给人们的只是朝天门、储奇门之类的地名和茶余饭后的龙门阵话题而已。

开九门

朝天门在城东北,虽说在两江汇合处,实际面向长江,为水运总枢纽。城门上书"古渝雄关"四字。瓮门北向,此门过去是各门中最重要的一座,是下门、大门。门名朝天,是按重庆的政治地位取的,内有接圣街(今信义街),在早字水街与新街口之间还有圣旨街(今新华路),足见朝廷高级官吏经常到来。1891年重庆辟为商埠,朝天门始设海关。1927年因

重庆港朝天门客运码头

修建朝天门码头,将旧城门撤除。1949年"九·二"火灾使朝天门附近2千米的区域化为一片废墟,从此,朝天门仅余城基墙垣。今天的朝天门客运码头,新建宏伟的朝天门广场,是俯看两江汇流,纵览沿江风光的绝佳去处。

东水门在城正东,建于明代洪武年间。没有瓮城,城门没有面江,北向。过去到南岸,一向多从此门渡长江。从长江上岸进东水门,上石梯后要转一直角弯方可见城门洞。当年的东水门码头商贾云集,人来车往,生意繁忙,是繁华的商业码头。到了抗日战争时期,城垣已拆,到处可以出城,改由望龙门街渡江,这里才冷落下来。

太平门在城东南,城门上书"拥卫蜀东"四字。瓮门西南向,过去也是一道重要的城门。由于地理位置处于古城下半城中心地带,城内是重庆府署和巴县官府衙门所在,成为全城政治中心。车水马龙,市面繁华。重庆开埠成为通商口岸后,外商、洋行集中在城门内白象街,成为金融中心。城外长江边是上游漂流下来的木材竹子市场。此地有"青狮白象"掌故,指城门内白象街的汉白玉雕塑白象,正对南岸古刹慈云寺庙门前的一对青石狮子。

储奇门在城正南,瓮门西向,是下半城沿长江开的六个城门中较为重要的城门之一。储奇,寓有富足昌盛之意。昔日,城门外码头起卸的货物,大都是四川出口大宗的药材山货,城门内集中了药材和山货的商号和堆栈。古代就有"储奇门,药材行,医治百病"的民谣。至今,储奇门一带,依然是重庆市药材行业集中的地方。当年由于所处地理位置,储奇门是沟通上半城和下半城的要道,出城门过江到海棠溪通向贵州。抗战时期,在原城门旧址修建著名的"储奇门缆车道"。

金紫门在城正南,城门南向面江,紧靠储奇门,没有瓮城,江边是柑橘船集中的地方。古重庆十七个老城门,只有金紫门和储奇门这两个升门之间,无闭门。因这里曾有古庙金紫寺而得名。据故老讲,此门是因重庆官府衙门集中此地,而专门兴建的。金紫门城门对面,就是重庆镇署衙门,衙门四周有轿铺、饭馆、茶馆、酒肆,繁华热闹。古民谣:"金紫门,正对着镇台衙门。"镇台衙门是重庆权势显赫的大衙门。

南纪门也在城南,靠西,城门上书"南屏拥翠"四字,瓮门西向。已是下半城的西端,却也是一道较为重要的城门,现今仍是人们熟知的地名。从城门所书的四字,可以看出,南纪门正对着南岸"峰峦叠翠、景色宜人"的风光,是城内市民出城到南岸郊游观光和乘渡船过江的交通要道。昔日从长江上游来重庆,首先要经此门,而此城门外江岸平坦开阔,成为重庆木材业集中的码头,木材堆栈一直到黄沙溪。此门又是古重庆有名的屠宰业集中的地方,人口密集,商业繁盛。南纪,出自《诗经·小雅·四月》:"滔滔江汉,南国之纪。"纪者,理律也,总汇也,是谓该门是水陆两通的重要交通总汇。陆路经黄沙溪上凤凰梯到鹅公岩、石桥铺与上成都的东大路相通。现今的南纪门,成为与南岸直通的长江大桥北桥头的起点,更为繁华了。

通远门在城正西,城门上书"克壮千秋"四字,瓮门北向。城门建成于山顶上,为全城最高处,地势险要,屏障全城。城外为夹谷,居高临下,易守难攻。出城后曲折向西,只有一线可通,经枇杷山南侧的神仙洞、茶亭到两路口,再经社稷坛、凉亭、总牌坊、鹅项颈上佛图关,上东大路。作为300年前的军事要塞,历经风雨沧桑的重庆通远门老城墙,在近几年以历史和现代相结合的崭新面貌展现,作为主城区唯一的遗址公园,这里可同时容纳3000多人休闲玩乐。在古代,七星岗附近都属于城外,而通远门既是贸易交流的必经之路,也是抵抗外来侵略的战略要地。在修复老城墙的过程中,工作人员精心设计了一个攻打城门的场面,让市民可以更真切地感受到当年城门边上发生的激烈战斗情景。此外,在城墙台阶的平台边,放置了3幅铜铸的浮雕,分别向市民展示筑城、守城、攻城的场景。在城门脚下的路边,还有两组栩栩如生的小品,它们分别描绘的是"滑竿"和"炒米糖开水"。在历史上,城墙是乡村和城市的界线。因此,城外的一边被构思成乡村式的景观:沿城墙是一个独特的狭长公园,顺应地势呈梯田状,一梯一个小花园,以绿化为主,不同尺度的地面铺装、不同肌理的植物构成怡人的田园风景。

临江门在城北,靠西,城门上书"江流砥柱"四字。瓮门北向面江,只有这一瓮门是正向,其余都是侧向。从嘉陵江上游来重庆,首经此门。

城门距江干较远,城外临江门正街较其他城门外正街繁华,码头也多。现在的临江门附近是重庆著名的商业区,虽然随着直辖之后发展步伐的加快,许多地区的繁华程度已经不亚于甚至超过了这里,但无论在重庆人还是外地人眼中,"解放碑"三个字在提到"重庆"之时仍然有着举足轻重的地位。

千厮门也在城北,靠东。瓮门西向,隔江对江北旧城。城门已毁,地点在现今千厮门正街六号一带。入城上新街口通小什字闹市区。城外码头沿江设置,有正码头、贺家码头、王家码头、水码头、碳码头、纸码头、盐码头。千厮门和临江门是十七座城门中面向嘉陵江的两座。都是嘉陵江农产品货物的集散地。由于处于朝天门和临江门两大城门之间,紧靠繁华闹市、人口密集、码头众多。古代民谣:"千厮门,花包子,白雪如银。"嘉陵江流域

旧时千厮门大码头

的粮棉都在此门卸货入仓,所以说棉花打包的"花包子",雪白如银,这也是千厮门得名的由来。千厮门名取自《诗经·小雅》:"乃求千斯仓,乃求万斯箱,黍稷稻粱,农夫之庆。报以介福,万寿无疆。"盖以当年城门内有贮存粮棉的千仓万仓而得名,是祈祷风调雨顺,丰收满仓之意。城门由于靠近城门繁华地区,城门内人口密集,商贸繁盛,有正街、顺城街。

闭八门

翠微门在朝天、东水二门间,正对蔡家湾(与千斯门外的蔡家湾同名),原来是个死巷,后来与万寿宫巷相通了,后来合并为赣江街。

太安门在东水、太平二门间的望龙门街,太平、太安相比邻。

人和门在太平、储奇二门之间,对九道门的南口,门内转东为人和湾

街,城外还有人和街。

凤凰门在金紫、南纪二门间,门内经马家岩上交麦子市,接凤凰门横街就是现在的凤凰台街,凤凰台为重庆古迹之一。

金汤门在南纪、通远二门间,在打枪坝的西沿城垣,入门为金家花园,过金家花园即进入打枪坝。

定远门在通远、临江二门间,面向嘉陵江,门内西为莲花池,东为巴蔓子墓。

洪崖门在临江、千厮二门间,下面靠右是洪崖洞,洞内尚存。

西水门在千厮、朝天二门间,距千厮门较近,城外为鸡毛土地,大概因其在东水门之背命名,至今城外还有西水横街。

近代航运业巨子——卢作孚

1893年4月14日,卢作孚出生于四川省合川县北门外杨柳街的一户贫苦人家。卢作孚从小好学,但他因病辍学。他广泛涉猎古文、历史、地理、物理、化学和社会科学。1914年,卢作孚前往上海结识了黄炎培。在黄炎培的影响下,卢作孚认为要使中国富强,政治改革并不可行,必须从发展教育开始,所谓"推广教育,以开民智"。但经历了两次失败,卢作孚也感到"纷乱的政治不足凭依"。于是他的救国理想逐渐转向了实业。

重庆大学校园内的卢作孚塑像

最早对卢作孚给予支持的是他的老师陈伯遵和他的同学黄云龙。

他和黄云龙一道去重庆,对重庆当时所有的轮船公司及其船只,进行了一次深入的调查。从调查中发现,长江上游的航运几乎完全由外国轮船公司控制。中国轮船虽有20多只,却分属于20几家轮船公司,处于破产倒闭的边缘。尤其在重庆与宜宾之间竞争已经是白热化。但是从合川到重庆,却从来没有运行过轮船,卢作孚决定开辟一条从重庆到合川的短途航线。

民生公司第一艘轮船——民生轮

1926年6月10日,在师友陈伯遵等人挪借下,勉强凑齐购买一艘船的费用后,卢作孚的民生实业公司宣告正式成立,一开始就提出明确的服务宗旨,如安全、迅速、舒适、清洁等等,颇令人感觉气象一新。卢作孚取消了自洋务以来船运盛行的层层分包的买办制度,代之以经理负责制;将服务质量视为公司生命,经常亲自搭乘"民生"轮,以便了解和改进。民生的声誉很快传扬开来,一桩崭新的事业艰难起步。但是"民生"轮运行不到四个月,便遇到了冬季枯水期,轮船停运。一个刚刚诞生的事业,遇到这样的困难,无疑是很严重的。卢作孚的儿子卢国纪在《我的父亲卢作孚》中写道:"在父亲的一生当中,创造过许多奇迹。每当困难出现的时候,他都会以他的远见、聪敏和不屈不挠的精神战胜困难,创造奇迹。"卢作孚不甘坐待亏亡,决定做两件事:一是开辟新的枯水季节航线;二是定制吃水更浅的新轮船。1926年冬,"民生"轮改航重庆至涪陵一线，同样获利可观。同时民生公司股本翻倍，在上海定造了一艘载重只有 34 吨、吃水更浅的小轮，取名"新民"，特别适用于枯水期，使渝合线全年通航。1928 年，卢作孚又从南充商人谭谦禄手中买下了第三艘轮船，命名为"民望"号。民生公司便以三艘轮船，在重庆、合川、涪陵三地之间循环航行，非常高效地配置了资源。1929 年，民生公司盈利 4.9 万元，成为一家极有生气的航运公司。

卢作孚领导的民生公司，为整合民族航运业力量，于 1931 年开展了"化零为整，统一川江"的活动，合并了川江上几乎所有的民族航运企业，向列强势力争航权。他要代表不甘屈服的民族经济，实现一个"反弱为强"的梦想。

外商航运势力起先并未把民生公司这个弱小的中国民营公司放在眼里，不过当卢作孚以超人的组织能力，在一年内就完成了川江重庆上游的航业统一，开始向列强势力把持的川江下游进军时，川江的老资格"霸主"太古、怡和与日清等外轮公司，就无法安坐了。

他们逐渐看清了，民生公司不仅有先进的管理、正确的战略，最主要的是还有民心可用。他们本能地想到一个办法，就是联合起来，凭借雄厚的经济实力，使用超常规的竞争手段，将民生扼杀于崛起之初。

民本轮，川江上最好的客货轮，1935 年上海造

于是,针对民生,太古、怡和、日清三个庞然大物开始行动了,他们或明或暗,或联手出击,或单打独斗,对民生实施打压。他们的招数就是压低运价,不惜亏本运营也要把民生拖垮,甚至企图收买渔船,去撞击民生的船只。

1936年2月3日,民生公司的"民主"轮从宜昌上驶重庆,行至太洪岗,忽有日清公司的"嘉陵"轮紧随其后,距离过近,"民主"轮立即慢车避让,"嘉陵"轮非但不礼让,反而两次横撞"民主"轮船头。幸亏"民主"轮船长技术高超,才未造成惨案。

英商太古公司为打压民生,故意放低运价,由上海运至重庆的棉纱,每包运费由原来的25元降到8元。这个价位,仅相当于每包装运起卸的人力报酬。怡和不久也加入降价行列,竟然与太古联手,把棉纱运价降至每包2元。这样的运价,还不够船上的燃料费,等于免费运输。

在客运方面,他们也屡有"奇招"。日清公司规定,凡在宜昌至重庆段乘坐他们的船,可以不买船票,船上还另送日本洋伞一把。

其实,这是一个经过深思熟虑的"堵截"方案,在宜昌至重庆段,他们这种亡命的干法,是以长江下游和沿海航线的运营作为后盾的。以彼处之盈,补此处之亏,目的就是要把民生砸死在川江上。

三大外轮公司如此咄咄逼人的反击,确实给民生公司带来了极大困扰。卢作孚对形势进行判断后,深感忧虑。在1935年初,有人便预言,本年必然倒闭两家大公司,一个是美国籍的捷江,一个就是新起的民生,因为这两家公司都是只经营川江航线。在川江如此惨烈的竞争下,他们是没有后援的。

这时民生的财务状况,也着实堪忧。在连续一年多的"统一川江"并购中,资金已显紧张,融资渠道也不是很通畅,并购中还承担了其他公司的一些债务,到1934年底的时候,公司负债已达70多万元。有人据此说民生要倒闭,倒也不是危言耸听。

"内忧"如此,"外患"又逼到了眼前来。三大公司沆瀣一气降价,民生如果不降,就有可能揽不到生意;如果跟着降价,无异于找死!

民康轮运输支前物资后空船返回重庆

到1935年6月,美籍捷江公司终于撑不住了,轰然倒塌。

于是三大外轮公司把目光死死盯住了民生,事实让他们失望了,"民生公司却仍岿然存在",而且接收了捷江公司的7艘轮船和码头设备,一举拿下川江航运的皇冠!

民生是如何突出重围的?如此戏剧性的转折是如何发生的?这既与卢作孚的高超策略有关,更是与民众高涨的爱国热情有关,千千万万的爱国民众,就是民生的强大后盾。

民生公司的爱国行动,赢得了社会各界的赞扬,也得到了公司员工的支持。就在外轮公司联手打压民生之际,重庆一带的民众自发地提出"要坐民生船,不坐外国船",工商业者也不把货物交给外轮公司运输。

当民生公司陷入重围,资金链面临断裂之时,公司员工也爆发出高昂的爱国热情,疾呼"为公司争口气"、"勒紧肚皮,也不让民生公司被外商挤垮"。员工们向公司提出,可以缓领或少领薪水。一些职员只顾忘我工作,根本"不问发薪多和少",誓与公司共度时艰。

民心可恃,卢作孚在逆境中得到了最可靠的支撑,民生公司一方面降低成本，一方面积极争取客货来源，顶住了外轮公司的压力。同时，他充分施展了灵活机动的手法，体现出他一贯的"原则的坚定性、策略的灵活性"，争取尽快脱困。

卢作孚看出，与三大外轮公司对抗，决不能在运价上与他们硬拼。民生维系客户的唯一办法，就是把服务质量再提高一步。所以越是在艰难的条件下，他越是坚持提高服务质量，尽量改善硬件设施，加强管理，巩固民生在大众中的良好声誉。

民权轮

民生公司加快了轮船改造和更新，增加了船上的救险设备和生活设施，安装了无线电台、电冰箱、蒸汽消毒柜、电风扇、收音机；增添了浴室、卫生间、阅览室、娱乐室；为旅客代办电报和邮件收寄业务，这些，过去在川江上的中国轮船上是从来没有过的。

1935年冬季，民国著名的女作家陈衡哲与丈夫任鸿隽从汉口乘船入川，坐的就是民生的船。她说，坐民生的船，感觉到一种"自尊的舒适"。后来全面抗战爆发后，著名作家胡风去重庆避难，搭乘的也是民生公司的船，他在事后撰文说："床上铺着雪白的床单和枕头，小桌上放了茶壶茶杯，井井有条，非常整洁，的确和别处的官舱不同。"

民生公司还发起了"改善服务"运动,以作为应对策略。对于日清公司的免费坐船、赠送洋伞之类的小把戏,其实民生并不在乎。因为那时国人抗日情绪高昂,拒买日货已成潮流,日本船就算是白坐,也没有中国人愿意去光顾;但现在太古、怡和也争相降价拉客,民生就必须高度重视,要在服务质量上远超过他们才行。

民贵轮,前身为"蜀亨轮"

民生的改善服务,不仅是表现在硬件设备上,更主要的是软环境,"宾至如归"这四个字一定落到实处。公司制定了《经理须知》《船长须知》《茶房须知》《水手须知》等规则,规定从客人上船后的接收行李、安顿铺位、饮食起居,到下船前收拾行李、招呼力夫、送客上岸,船员都要给予周到的照顾。

在长途航线上的民生客船,不论何等舱位都能收听广播,船上还每日发给旅客油印的《新闻摘要》,使旅客决不会感到旅途的寂寞。沿江经过之地,服务人员都要把相关的风景照片分发给旅客欣赏,同时将沿途风景、风俗、交通、特产和旅行注意事项通告旅客。船上的商用电台,也可为旅客传递紧要信息。

凡民生的船一到码头,立刻有岸上服务人员上前代运行李、代觅住处,绝没有力夫一拥而上抢运行李或强索运费的事。旅客普遍感到,坐民生的船不仅舒适、清洁、快捷,而且很有尊严。这样,川江两岸的民众,就都成了民生的忠实客户群,越是国难当头,民众对民生公司的向心力越强,企业的利益与民族的自尊紧紧连在了一起。

就这样,在抗日爱国的特定历史背景下,民生不但没有被外轮公司压垮,反而越战越强,终于迎来了跃升式发展的转机。这个转机,就是捷江的垮台。捷江公司为美国人投资,任用中国人为代理人。1935年春,捷江在残酷竞争中倒闭,打算拍卖全部资产。卢作孚马上意识到,如果捷江资产被其他外轮公司收购,必将极大地增强对手的实力,所以民生应毫不犹豫地拿下。收购捷江成功,使民生在与外轮公司争夺川江航权的较量中,获得了决定性的胜利。到全面抗战爆发前,民生在川江上的轮船总吨位,已经超过了外轮公司的吨位总和,在载重量上也接近了外轮公司的总和。

民生公司在实力上、业务上、声望上,已全面压倒外轮公司!打掉列强资本势力在川江上的气焰,进而将其逐出川江,是卢作孚长期以来的愿望。当年卢作孚第一次出四川"求真理"时,在长江上触目只见外国旗,难得一见中国旗,令他深感屈辱。民生公司从一条小轮船起步后,他就抱定了此目的,奋斗不息。

民本轮

自从第二次鸦片战争(1856—1860年)以来,按照"外国商船可在长江各口岸往来"的屈辱条款,川江上到处是悬挂列强国旗的船只穿梭往来。如今此景不再。浩浩江风,到处吹拂的是民生公司光彩耀目的旗帜!万众一心的爱国热情,就是民生公司之所恃;为列祖列宗一洗耻辱,就是民生公司之所本。昔日腐朽的清政府丧失的内河航权,终于由民生公司以经济实力从川江上夺回。

从小小的民生号开始,几年内,卢作孚和他的民生实业公司就完成了长江上游的航运界整合。民生公司的董事、银行家吴晋航把卢作孚的兼并业务称为"发展兼并三部曲":先是以公道的价格兼并长江中上游一带的华商轮船公司;然后凭借和四川军阀的交情,他居然兼并了军轮(四川军阀大都有自己的轮船公司,但很多因经营不善而亏损);最后他还创造了兼并外国轮船公司的奇迹。在卢作孚的带领下,到1937年全面抗战前夕,民生公司已经拥有46艘轮船,总吨位达18718吨,职工3991人,资产1215万元,接下了长江上游70%的航运业务,是我国当时最大的民族航运企业。

武汉港

武汉港地处长江中游,是交通部定点的水铁联运主枢纽港,武汉港位于长江中游,是长江与汉江汇合处。武汉是湖北省省会,全省的政治、经济、文化中心,是中国历史文化名城,国家经济与社会发展计划单列市之一。武汉还是孙中山先生领导的辛亥革命的发源地。它是华中地区最大的工商业城市,又是我国金融、通航和商业名城。陆上有京广、京九铁路线纵贯,有汉丹(武汉至丹江口)、武九(武汉至九江)、武黄(武汉至黄石)线在此交会。武汉长江大桥联系南北。水溯长江而上,可达四川、云南、贵州等省。溯汉江而上可达陕西、河南两省。顺流而下可通江西、安徽、江苏各省,是我国中部水陆交通枢纽。素有"内联九省,外通海洋","九省要津"或"九省通衢"之美称。目前,是我国对外开放的内河港口城市之一。市区由武昌、汉口、汉阳三部分组成。

武汉港是我国长江中游古老商港之一,由于其水陆交通便捷,承东

启西,历来就是华中地区内贸物资运输、外贸转口的集散中心。当前进出港的货种主要有煤炭(占 26%)、金属矿石(占 35%)、矿建材料(占 16.6%)、钢铁(占 8.4%)、非金属矿石(占 4.5%)。

武汉是我国华中地区最大的工商业城市,是我国近代工业发祥地之一,是我国重要的钢铁、机械、纺织工业基地,是迅速发展中的钢铁城、汽车城。它是石油、化工、建材、轻工、纺织、食品、造船等均有较大规模的综合性工业基地。武汉的商业贸易、金融通信也日益兴旺发达。著名的汉阳钢铁厂就是在清朝光绪十六年(1890 年)在此兴建的。现在这个企业已经成为现代化的武汉钢铁集团公司,是具有自动化、高速化、连续化生产设备的钢铁联合企业。企业能生产 200 多种钢材,为我国制造汽车、轮船、桥梁、锅炉等工业提供必要的钢材。企业为我国重点永久性工程项目,如宝钢、葛洲坝、三峡工程提供了所需的物资。武汉目前工业固定资产投资总额居全国大城市的第四位,其中冶金、机械、纺织品等大批产品远销国内外。现在已与 70 多个国家和地区建立了经济贸易技术合作关系。武汉港经济腹地的大宗货源是豫、陕、晋三省每年经武汉中转的煤炭 400 多万吨,长江沿线钢铁厂每年通过武汉港调进调出的钢铁 200 万吨,其他货种如石油、矿产、粮食都是大宗的,经济腹地货源非常丰富。

悠久的港口历史

武汉港是我国内河古老港口,早在东汉时期,就因其地理位置优越,成为繁荣的港口。三国时期汉阳的石阳商埠已经兴起。唐宋时期,武昌也已成为华中大港。到了明代,汉口镇与佛山镇、朱仙镇、景德镇并称为我国四大名镇。到了清朝,武汉是人口众多的大市场。清朝咸丰八年(1858年),满清政府在英帝国主义强迫下,签订了《天津条约》,允许帝国主义各国在武汉港通商建埠,为长江三口之一。清宣统元年(1909年),当时汉口贸易之盛为沿江各港之冠,仅次于上海。因其地位优越,贸易兴盛,当时被人们誉为长江之心脏。

武汉自古以来就是我国中部重要的商业和交通中心。清朝开放海禁之后,特别是从武汉辟为通商口岸时起,汉口更是洋货充斥市场的城市,内地的土特产品也通过这里加工之后大量出口,远销世界各地。一时间这里成了英、美、法、德、俄、日等列强侵略、掠夺我国宝贵资源的一个据点。19世纪40年代,上海对外开放后,汉口就更成了上海货物的转运中枢,成了全国对外通商的第二大港。20世纪30年代,有50多个国家和地区直接与汉口通商。据史书记载从1928年到1937年,进出汉口港的商船每年就有8000－10000艘之多,仅次于上海,居全国第二位。

下面重点介绍武汉港清朝时的发展。

清代,武汉的主要行业为食盐、大米、竹木、纺织品、币材、典当等。武汉有最大的米市,"湖广熟,天下足",以此为依托的汉口自然成为全国著名的商品粮基地。两湖、四川各地的粮食经过各个层次的收购、汇集,先运到汉口,然后再由江浙、江西、广东等地商人将米粮运销各地。三镇是淮盐运到内地销售的最大口岸。淮盐溯长江而上,浩浩荡荡,运到汉口,再由汉口销到湖南、湖北等地,汉口年分销淮盐占其总产量的一半左右,因此,被称为"销盐第一口岸"。汉口"盐务一事,已足甲天下"。三镇依赖其水运优势及周边丰富的竹木资源,成为最大的木材交易市场,其中最有名气的是白沙洲、鹦鹉洲的木材交易市场。此外,鄂南的茶叶,外地的瓷器、海味、药材、京广杂货都大批行销汉口,中转贸易一片繁忙。而与之配套的早期金融业、钱庄、典当行,也十分兴盛。

昔日武汉港

清代,汉口有晋商、徽商、宁波商、广东商,均有会馆,还有茶楼、酒楼、剧院、典当、赌馆、妓院。1898年,汉口始设商务总局。至今,汉口仍旧是全国闻名的商业城市,汉正街被称为"天下第一街"。汉正街文化集中体现了武汉的商业码头文化。

值得提出的是,张之洞在湖北发展物流,设立商务局,推行劝导、奖励商业的政策。武汉由内贸型的商业重镇一跃而为国内屈指可数的国际贸易商埠。汉口的直接对外贸易,到1903年已突破1200万两,1905年更突破3500万两;汉口的间接对外贸易亦然,张之洞督鄂前,间接贸易进出口最高数字是1880年的4200万余两,到1899年达到6700余万两,1904年突破1亿两大关。无论是直接贸易还是间接贸易,都有数倍增长。以致有人声称"汉口商务在光绪三十一二年间,其茂盛较之京沪犹驾而上之"。

在张之洞的督办下,1906年,汉口至北京正阳门全长1200余公里的卢汉铁路通车,并改称京汉铁路,这是纵贯中国南北的第一条铁路。汉口有江岸车站、大智门车站、循礼门车站、玉带门车站。京汉铁路的贯通,不但使武汉的货物流通更加畅快,而且使武汉的地位更加凸显。1936年,粤汉铁路通车,在徐家棚、鲇鱼套有车站,标志着武汉成为贯穿中国南北的中枢点。

辛亥革命之后,武汉的近代工商业仅次于上海。孙中山在《建国方略》提出对武汉的构想,要把武汉建成中国最重要的商业中心、世界最大的都市之一。

国民党统治时期,由于运输业发展的需要,港口建设采取的政策是:谁建造,谁使用,谁受益。这样,内商、外商、工厂、企业自建、自营、自管建起的码头,客观上也起到了推动港口码头的建设。但在旧中国,武汉港虽然拥有得天独厚的地理水系优势,可当时内河航行权、海关管理权、码头作业权等所有权限都操纵在外国人手里。全部港区也只有十几座破破烂烂的码头,不像个港口的样子,航运业一直停滞不前。

新中国建立后,把武汉作为中南地区中心。武汉在50年代发展了重工业和轻工业。在1953—1957年是第一个五年计划时期,武汉被列为全国重点建设城市之一。武汉建设了武钢、武重、武锅、热电厂、肉联,开辟了青山、中北路、石牌岭、白沙洲、易家墩、堤角、庙山工业区。1958年以后,武汉又建设了关山、余家头、七里洲、鹦鹉洲、唐家墩、葛店工业区等。正因为有较好的码头,武汉才有可能发展工业、商业、信息产业。

　　1978年,我国开始了伟大的改革开放,武汉发生了日新月异的变化。1979年确定武汉为华中地区经济文化中心,内陆的重要交通枢纽、对外通商口岸。

　　经过多年的扩建与新建,长江航运业得到了发展。特别是实行对外开放之后,在放宽、搞活、开放政策指引下,武汉航运业也得到较大发展。据80年代当时统计,武汉港拥有国营、集体的轮船公司就有700多家。拥有各类大小船只21万多艘。运输能力达700多万吨。武汉长江轮船公司、湖北省航运公司和武汉市水上运输公司等大型航运机构就拥有各类船只1600多艘。当时,武汉港每天发船开往重庆、南京、上海和汉江沿线各港口的航线20多条,可见航运业正在日益发展。

武汉的码头文化

现在把汉口的文化规制与码头文化联系在一起的说法很盛行。这个说法有一定的道理,毕竟两江三镇在数百年的时间里,都是靠码头相联系的,是码头让三镇居民有了联系的纽带,也是码头把汉口与全国各地联系了起来。这大大小小的码头到底有多少?其实从来就只有一个大概的数字。究其原因是因为码头的数字一直在变化的过程中,但不论码头的数量有多少,码头对于武汉人来说,都太重要了;对于四大商业名镇的汉口来说,码头就是码头文化的基石。

汉口开埠之前,就有一些外国人来到汉口,他们或被这两条大江相汇的气势所震撼,或被帆船相沿数里的景致所惊叹。清代前期,有一个来到汉口的外国人这样写道:汉口的"载货物码头则有二十余处,所有船舶俱湾泊于港内,舳舻相衔,殆无隙地,仅余水中一线,以为船舶往来之所也。"外国人的描述很直白,他告诉我们一个重要消息,就是清朝前期的汉口已经有二十多个码头了。但这些码头当中,有很多小码头是不入

中/国/名/港 173

汉口人的眼的,因此,汉口人多说的只有八个码头,这就是:二十八码头、大码头、四官殿码头、花楼码头、关圣庙码头、老官庙码头、接驾嘴(集家嘴)码头、宗三庙码头。这就是我们在很多地方史书和志书中谈到的八码头。其实,就从这八码头之一的二十八码头名称上看,也可以得知,从硚口至接驾嘴码头至少也有 28 个码头。这也与史书上记载的这段距离内有近 30 个码头基本吻合。

到了近代,有人曾作了这样一个估计,说汉水两岸所停泊的船只数量大约在二万四五千艘上下波动。正是因为数量太大,汉口港的码头区作业十分繁忙,甚至通宵达旦地进行。这也是为什么在没有电灯的社会中,会有"万家灯火彻夜明"这么一说。按这种说法,清代中晚期的汉口已经是一个不夜城了。

码头虽多,但因为全国各地来汉口经商的商船,已经约定俗成了自己的停泊位置,因此,通常而言,江西及湖北本地生活上的商船便集中停靠在汉水口北岸,来自四川的商船则停泊在汉水口南岸,而实力强大的下江商人和徽商,则可停泊在汉口两岸的码头。

码头本身并不能称之为文化,但因码头而生的诸多民风习俗和因此带来的地域特征在人们性格中的表现则可以称之为文化了。码头是有自己的秩序的。就是按帮口势力和宗派范围划定区域,搬扛货物,起坡下坡,不能有一点越线,否则很容易酿成一场打码头的流血械斗。在这种情况下,依附码头而生的最基本的两种人:第一,大、小头佬。码头就是他们的势力范围;第二,码头工人。码头工人又分两种,一是头佬下的有扁担名额的搬运工,他们按照码头的当天收入由头佬按份分钱,通常每人一天可以拿到 3 至 5 块银元;二是没有扁担的临时工,则与头佬按四六开、三七开甚至二八开分成,他们生活的相当艰难。但是如果想补上一条扁担,则需要向头佬交高达 200 至 300 银元的费用,以后租界内有了洋码头,那里的收入相对要高一些,如果想补上扁担,就得向头佬交 600 至 800 块银元的扁担费。因此,很多码头临时工不敢问津。

当时,也是由于地域不同,帮派不同,因此,码头上运送的货物也不同。比如集家嘴下码头,起坡货物都是湖南新化运来的煤炭,汉阳县(今蔡甸)、黄石等地运来的石灰;流通巷起坡货物多为食用油和皮油(做蜡烛、肥皂用);大新码头也运送煤炭、石灰,但还有少量的药材;萧家巷码头则多运江西瓷器和湖荡中的芦柴;沈家庙码头则主要是中药材;宝庆码头是清一色的湖南帮,主要运大米;小新巷是一个专门运水果的大码头;此外还有粪码头等等。

码头工人的这种生活状态,也直接造就了汉口人的一种个性特征。由于面朝三尺台阶,背负沉重麻包,码头工人们过的都是"千年扁担万年箩,压得腰弓背又驼"的生活,这也致诸多码头工人具有了小富即安的心理状态。但是,因为码头上有着残酷的械斗,时常处于丢掉码头,就等于丢掉饭碗的威胁之中,加之头佬对工人的压榨太甚,在压迫之下,码头工人又不得不养成抖狠的习性,遇事容易冲动,不计后果。久而久之,这也成为了当时相当一批武汉人的个性特征。

1861年,英国人在汉口划定租界,不久,就建成了宝顺码头,这是长江上的第一座洋码头。1871年,俄国顺丰洋行又在俄租界列尔宾街建顺丰砖茶厂码头,这是武汉企业的第一个专用码头。此后,在租界区先后开有太古、怡和、鸿安、美最时、日清等轮船码头,平和、隆茂等棉花打包厂码头,美孚、德士古、亚细亚等石油公司专用码头。20世纪初,太古、怡和、大阪3家轮船公司,在江边建有6大间栈房,3处堆栈,总面积在2万平方米以上。

民国初年,汉口江边的洋码头已从江汉关一直延伸到了丹水池、谌家矶一带。至1973年抗日战争前夕,长江沿岸共有外国码头36座,其中轮船公司有20座,工商厂号15座,机关1座。这36座码头大多为货运码头,只有少量客运码头。这么多的码头,经营了七八十年,其中有多少中国的财富通过码头流往国外?

1929年的汉口码头

沿着汉水和长江拥有如此多的码头,汉口人的生活状态便与码头息息相关。美国学者罗威廉根据当时的资料进行的研究成果表明:晚清的汉口人的职业结构,商业人员占总人数的36%,运输人员占有30%,而官员及专业人员只占5%。"大小不等的各种批发商人和零售商人总共占汉口固定劳动力总数的1/4,在里德记录的4000个例子中,明确有25%的商人和小贩,如果从他的调查中排除存有疑问的农夫的话,这个比例将接近1/3。1912年的调查表明,商人占这个城市居民的31%。"他接着说:"如果将大量的船夫、马车夫和长距离的赶牲口的等过境人口计算在内的话,汉口有将近1/4的劳动者在一定时间内受雇于运输业。"

有这么多的码头,需要如此多的货物在这里聚散,没有一大批相关的人员简直是不可想象的。因此,在1877年汉口海关报告中,也记录了一个大概的估计数据。1877年,大约有10000只船同时云集汉口港;1891年,海关报告又估计每年有165000名水手在到达汉口的平底帆船上工作。但是汉口还有更多的短小型的轻舟和划子,而且这中间有相当一部分都是船民,船夫就是家长,他们全家住在船上,从事着地方运输,这样的人数无法统计。而且还有更多的成千上万的本地搬运工,包括相对特殊的群体,如车夫、轿夫、水夫、码头夫和少量特别的扶夫、扛夫、脚夫。和水手一样,这些人都试图从与码头相关的行业中挣到自己的饭钱。据《汉口小志》对1912年汉口人数的统计数据为198050人,除去政界、军界、学界的3750人,当时的商界人数达到了30990人,两者的比例几乎接近于1∶10。而当时,武汉经过了阳夏战争,大量的商界人士迁往上海,还有很多返回原籍,就在这样的情况下,商界人士与政界学界的人数比例仍然高达10∶1,可以推想,在没有战争的商业繁盛时期,在汉口从事商业的人士又会有多少?

一个城市在发展的过程中,绝大多数人都围绕着同一种生存方式在生活,无疑就会形成基本相同的习性和特征。这个性格特征经过了数百年的积累,彻底融入到城市的灵魂之中。这就是武汉人有别于其他城市人的根本原因。

汉口的开埠史

明末清初,汉口成为长江中下游商业重镇,靠的是长江、汉水两大水系的船舶运输,商贸集市加上随商贸集市兴盛汇聚而来的城镇民居大都集结在两江交汇之地。汉水与长江的交汇口,集家嘴还有龙王庙,最早的街市是汉正街和黄陂街,形成城镇建设初期的雏形。今天汉口的中心,长江沿岸顺次建起的沿江大道、江汉路和中山大道以及周围的市区,当年根本不存在。

长江南岸有古城武昌,丘陵绵延,城基较高。汉口位于长江的北岸,地势低洼。长江水大,涨水时来势凶猛,历朝历代官府修筑的堤防溃若散沙败絮,或是住家或是经商,人们都不敢离长江太近。那时候,汉口长江边一带只有几处渔村和大片荒滩沼泽,景象十分荒凉。那时候,根本就没有人想到过要在长江北岸的江边去建筑一座新兴的城市。

汉水河道弯曲流速稍缓,汉水边的老街汉正街一带当年商贾云集、市象繁华,汉口居民沿着汉水河边一字儿建起吊脚楼,一半在岸一半临水,水上泊满大小木船,帆布高张桅樯林立,一幅中国水墨的市井风俗图,代表了古代中国。

武汉城市建设近代化的历史由西方人开始。

1858年,第二次鸦片战争结束。同年6月,清政府在《天津条约》上签字,1858年的《中英天津条约》共56款,另附专条1款。其中第3条款:"……长江汉口以下至海沿岸,除增开镇江一口外,再选择不超过三处地方开放;许英商船驶入长江至长江沿岸各口岸经商;英国兵船亦得进入各通商口岸……同年11月,英特使和清政府代表在上海签订《中英通商章程善后条约:海关税则》,条约签字当天,英国特使额尔金率两艘巡洋舰和三艘炮舰从上海起程,沿长江勘查至汉口江面停泊窥测地形。"

额尔金,第二次鸦片战争英法联军的首领,1857年率英国舰队来到中国,参与、指挥攻陷占领广州、攻陷天津大沽口炮台、威胁北京的战役数次。那一天,他从中国沿海进入中国内河,站在铁甲巡洋舰的前甲板上,长江两岸之间的江面宽阔得令他难以想象,在他生长的欧洲,他可从来就没有见到过这样的一条大河。自那一天起,顺着他的足迹所至,大英帝国的势力就延伸到了中国的内大陆。

老汉口租界

咸丰十一年(1861年3月),英国驻上海领事署单方面公布《扬子江贸易章程》,宣布"汉口、九江辟为通商口岸,设置领事"。随后,英国中校威司利和上海宝顺行洋行的董事长韦伯,带了随员乘军舰沿长江而下驶抵汉口,上岸查看沿江一带地势。过了几天,英国驻华使馆参赞巴夏礼也到了汉口,会见了当时清政府湖北地方官员。之后,这一行人到汉口滨江一带,即后来的江汉关一带,丈量地皮立石碑为界,与清政府地方官订立了《汉口租界愿约》。

1861年开始,汉口沿长江先后划立五国租界(英、俄、法、德、日),1911年,英、美、俄、日、德、法在内共14个国家在汉口和武昌建立领事馆。

五国租界沿江延伸,由今天江汉路步行街(原歆生路,地产商人刘歆生建)起,直到今天的卢沟桥路止,顺序为英、俄、法、德、日。

昔日汉口城市建设沿汉水而建,因为自明中叶起汉口与汉阳隔汉水而成为华中地区棉麻茶油丝漆的商贸重镇,所以汉口城建区位于临汉水岸边的汉正街及周边的永宁巷等,属于开埠之前的老城区。1860年,汉口开埠,城区转向沿江,西方各国依靠其殖民特权,依靠其财力的优势及科学技术的优势,将汉口沿长江一带的沙滩和沼泽地开辟成一座现代城市。

1865年，英方耗银二十万两（向上海宝顺洋行贷款，这就是宝顺行主1861年随行来汉的原因）在英属租界的长江边修筑大堤，沿着堤的内侧修路，称为河街，即今天汉口沿江大道。

大堤建成，阻挡汹涌的长江大潮水和大洪水，沿江建起6个码头（即英1—6号码头），后有英商怡和、太古，俄阜昌洋行另建3个码头，一共9个码头（至今仍在使用中），外洋轮船由长江口溯江而上，直达汉口港，既是商务码头也是军用码头，确立汉口与外洋航海通商的重要地位。

武汉老街——花楼街

花楼街是一条多元文化交融荟萃的街区，位于江汉区东南角，北以江汉路步行街为界，东临沿江大道武汉关，南接民生路，西抵中山大道水塔，全长1100米，面积约0.28平方公里，辖花楼街、黄陂街、交通路、交通巷、革新巷、小董家巷。

据《湖北地名趣谈》载，清朝末年，汉口辟为通商口岸。在紧邻租界的地区，商业兴盛，人口稠密。茶肆、酒楼、杂货铺、金号银楼林立。这条街上多半是砖木结构的楼房，屋檐和梁柱上涂绘彩色花饰，并将门窗雕镂成古香古色的图案，被称作花楼，这条街也就称为花楼街。

关于花楼一名的来历，最大的误解，莫过于花街柳巷的附会。

花楼街的来历还有一说，据口碑资料云，明朝末年，在武汉关、苗家码头一带的江滩边，已有小买小卖、打铁等营生者在此集驻，久之形成一条街。其中有一个张姓的孝子，死后，街坊们感其孝行，于街头修一过街楼，内供孝子的牌位，以彰其德。这座过街楼因修有雕花图案的栏杆，人们遂叫这条小街为花楼街。直到1851—1861年（清咸丰年间），北边又发展了一条与其平行的街道，当时沿花楼街之名，也叫做花楼街。市民为了不致混淆弄错起见，遂将前者冠个"前"字，将后者冠个"后"字，此后便有了前花楼与后花楼两个街名并列于市。

以后随着市政建设,将前花楼与黄陂街连通,统称黄陂街,前花楼这一街名逐渐淹没。后花楼延长至大兴路河边,统称为花楼街,但只有从江汉路至民生路这一段,人们仍习惯称为后花楼。

记录花楼街最早的文字可追溯到1861年,有关资料在谈到江汉路的形成时说:咸丰十一年(1861年),太平街(江汉路)由土路改建成碎石路,向北延伸至花楼街口。说明此时后花楼已经诞生了。1911年阳夏保卫战时,清军冯国璋放火烧毁汉口,"所余者上仅桥口至遇字巷一带,下仅张美之巷(民生路)至花楼街一带而已"。因此,后花楼号称百年老街,应当是当之无愧了。

明末清初,汉口市镇兴起,江河沿岸逐渐成为码头街市。前花楼位于后花楼与长江沿岸之间,楼房建筑与后花楼很相似。1934年将江汉路至民权路这段路称前花楼正街。此街兴旺时曾有八大行之称(盐、茶、药、杂货、油、粮、棉、水果)。在这条街上开设有东生阳奶糕店(前店后厂),万鹤龄参药店,裕源祥、刘海成海味号,广东蕉行,余洪泰、栾顺发水果店等。相传在此经营者多系黄陂、孝感人,结帮经营,相聚成街。1946年改名为黄陂街,一直延续下来。

后花楼在发展的过程中,正处于帝国主义从经济、军事侵华阶段,当时也是国内无产阶级觉醒与奋斗的历史时期,因此后花楼在百年沧桑中沉淀了无数可歌可泣的故事和史迹。就拿后花楼皮业巷9号来说,这里就是中国共产党党员、著名"劳工律师"、"二七"大罢工殉难者施洋烈士的故居。军阀吴佩孚、肖耀南便是从这里将他逮捕走的。解放以后,金山主演的电影《风暴》,曾到后花楼交通路口和皮业巷施洋故居实地拍摄,以增强真实感,重现先烈的风采。1900年,以唐才常、吴禄贞、傅慈祥为首的革命党人,曾将推翻清王朝的自立军总部设在后花楼宝顺里4号(现址不详)。有人说是在百子巷附近,为迷惑清政府,当时挂着"东方译文化"的招牌。1921年,中国共产党建党初期,陈潭秋、董必武主办的《武汉星期评论》,其社址也在后花楼永进里1号(后迁武昌黄土坡)。

革命先驱在后花楼的活动,为工人运动抛头颅、洒热血,官僚统治者也要在这里营造他们的安乐宫、销金窟。当太平街发展成歇生路,后花楼与洋街(英租界)毗邻时,武汉警备司令部稽查处长刘友才集资在后花楼口修建汉口大饭店(又叫楼外楼),楼高五层,电梯上下,内部装修豪华,附设中西餐厅、弹子房等,是湖北督军王占元等享乐之处。刘友才死后,改由商人赵典之、周星棠等经营,改名为扬子江大饭店。

自晚清以后,后花楼一直是繁荣的商业中心,名牌名店林立。例如扬子江饭店右邻的悦宾大酒楼,以挂炉烤鸭、红烧鲍鱼为特色招牌菜,与永康里口的杏花楼、江汉路的吟雪楼鼎立江城,有餐馆"三鼎甲"之称。百年老店汪玉霞,从汉正街天伦里口迁到后花楼熊家巷口以后,以节令食品芝麻绿豆糕独占鳌头,尤以中秋节推出的苏式月饼,与冠生园的广式月饼在市场上平分秋色,各有半壁江山。九如斋的辣子油、菌子油,十足湘江风味,独家经营,别无分店;金同仁中药号,位列汉口十大中药店之一;老四季美号称汤包大王;邹协和金饰上上足赤;胡开文翰墨飘香;恒太昌海味货真价实。还有后花楼东口的华华绸缎公司,西口的天真童装店,中段的四达瑞茶庄,莫不是名噪一时的名店。

后花楼不仅商贸繁荣,在文化方面也有一段辉煌的历史。早在民国初年,后花楼笃安里天一茶园便举行过京、汉剧合演的活动。京剧方面有由沪来汉的赵如泉、王洪寿(三麻子)、汪笑侬等。汉剧则有余洪元、李彩云等。汪笑侬以自己创编的《哭祖庙》剧本赠给余洪元,余洪元则以汉剧剧本《刀劈三关》还赠,开创了京、汉剧艺术交流的佳话。

中俄"茶叶之路"起点

大多数人只知道中国古代有条丝绸之路,它曾经是中西交流的通道,却不知在我国北部草原还有一条纵深通向蒙古高原西伯利亚腹地的驼道,这是一条被历史风尘湮没、被世人遗忘的中俄茶叶通道。这条繁荣了近200年的国际商道的源头,恰恰是汉口,它在清代是江南大宗茶叶外输的加工与集散地。

独轮车压出的鄂俄茶马古道

中国是茶叶的原产国,在公元6世纪,我国就有茶叶出口,至17世纪,中国的砖茶在俄国和欧洲就已经培养起一个稳定而庞大的消费群体。输入俄国的砖茶和红茶均来自中国的南方,经营者都是非产茶之省的山西商人,精明的晋商每年深入江南茶区收购茶叶,清咸丰年间由于受太平天国起义的影响,茶商们改采两湖茶,将湖南安化、临湘的聂家市,湖北蒲圻羊楼洞、崇阳、咸宁的茶,就地加工成茶砖,水运到汉口,再经汉水运至襄樊、河南唐河、杜旗。上岸由骡马驮运北上,经洛阳过黄河,过晋城、长治、太原、大同至张家口,或从玉右的杀虎口入内蒙古的归化(今呼和浩特),再由旅蒙商人改用驼队在荒原沙漠中跋涉1000多公里至边境口岸恰克图交易。俄商们再贩运至伊尔库兹克、乌拉尔、秋明,一直通向遥远的圣彼得堡与莫斯科。

在清代,茶叶贸易是中俄两个大国间最大的进出口贸易。茶叶之路的开辟推动了我国内地的种茶业和运输业的发展,也促进了我国北方草原和俄国西伯利亚地区的社会和经济发展。随着一条条驼道的延伸,一座座城镇在荒原上掘起,欧洲的文明与中国的中原文明在这里交会,推动了中国走向世界。

第二次鸦片战争后,1861年清政府被迫签订《天津条约》,汉口成为新辟的10个通商口岸之一。开埠后,俄国人以其多年与我国往来贸易的经验特别看重汉口的茶市。他们借1862年与清政府签订的《中俄陆路通商章程》,取得了直接在茶区采购加工茶叶,和通商天津的权利。俄国人终于打通了最大的茶叶集散地汉口至天津,再至海参崴的水路,从而取得了水陆联运的便利,也使汉口的茶叶出口量大增。

1861年由汉口港出口茶叶8万担,1862年21.6万担,以后逐年增加。从1871年至1890年,每年出口茶叶均达到200万担以上。这期间中国出口的茶叶垄断了世界茶叶市场的86%,而由汉口输出的茶叶占国内茶叶出口的60%;穿梭往来的运茶船队不断出入汉口港,汉口因此被欧洲人称为"茶叶港"。

俄商来汉口,开始是在湖茶产地蒲圻羊楼洞一带招人包办,监制砖茶。1863—1873年在那里开设了顺丰、新泰、阜昌三个茶厂,为了与英商竞争,1874年将三座茶厂搬迁到汉口,其中顺丰厂设在英租界下首尖滩边,新泰厂设在兰陵路口,阜昌厂设在南京路口,1893年在上海路口又新开柏砖茶厂。顺丰厂还在江边辟有顺丰茶栈码头,这是武汉三镇第一座工厂专用码头。1874年前后,俄商茶厂改用蒸汽机和水压机制作砖茶,成为武汉地区第一批近代工厂,其设备先进,雇佣工人多,产量高,利润大,吸收了数千工人从事制茶,这是武汉最早的一批产业工人。

19世纪俄国人在汉口留下的历史遗存几乎都与茶叶有关。1876年,俄商彼得金捐资在汉口修东正教教堂(地处鄱阳路口,现为武汉市房地产管理局),直至上世纪20年代,汉口东正教会的费用有1/3是俄籍茶商捐助的。1896年,俄国与清王朝签订在汉口划定建馆土地条约,并于1902年建成俄国总领事馆(今汉口洞庭街74号),领事馆为两层砖木结构,红色面砖有花纹,门窗为硬木拼装。以后又设立了巡捕房和工部局。

1917年俄国十月革命后,中俄茶叶贸易日趋衰落,在汉口的几家俄商砖茶厂相继关停,俄商独占汉口茶市半个世纪的局面从此结束。长达200年的中俄茶路终于废弛,淡出历史舞台。

扬州港

扬州港是江苏省重要沿海港口、国家对外开放一类口岸。它是扬州市进出口货物的主要通道,对扬州外向型经济的发展具有重大促进作用,能够降低企业物流成本,具有明显的社会效益。

扬州港集装箱码头

扬州港位于北纬 32.16°、东经 119.26°,地处长江下游北岸的扬州市,东距吴淞口 306 公里,西距南京 87 公里。扬州港现有万吨级泊位 2

座,2.5万吨级集散两用码头1座,千吨级泊位5座和1座客运码头。港口拥有各类专用装卸机械50余台,堆场30000平方米,库场10000平方米。主要货种为木材、矿石、钢材以及集装箱、大件设备等。

扬州简称扬,是一座有2400多年历史的古城,在江苏省中部,长江下游北岸。位于长江与京杭大运河交汇处的交接口,东距上海305公里,岸线资源优越,是天然的深水良港。港口有宁通高速、沿江高等级公路横贯东西,京沪高速公路沟通南北,水路与京杭大运河相连接。港口腹地主要是扬州市及苏北、皖东地区。京杭运河里运河段纵贯南北,通扬运河横贯东西,是我国历史上的繁华都会,江淮文化中心和对外友好往来的重要海港。

古时的扬州是一个对外贸易的重要商埠,当时的扬州,"商贾如织,故谚称扬一益二,谓天下之盛,扬州一而蜀次之也"。当时的海道船运很活跃,各国商人由海入江,把扬州当做海洋航运的终点,从广州入口的外国商品也经扬州转入长安。住在扬州的大食、波斯商人有数千人之多,成为我国首屈一指的繁华昌盛的商埠城市。

悠久的港口历史

公元8世纪以来的1000多年间,"江淮之间,广陵大镇,富甲天下",当时谚称"扬一益二",意思是说,全国之盛当推扬州为第一,益州(成都)为第二。这就是人们所熟知的唐代扬州。

唐代是我国封建社会史上继汉代以后又一个繁荣昌盛的时代。唐统一中国后,为了巩固自己的统治,在不触动地主阶级和贵族、官僚的根本利益的情况下,实行了均田法和租庸调制,在均田的名义下,一部分农民分到了少量土地,租庸调制以纳捐代服役的规定,也使农民的生产时间有了一定程度的保障。这些措施对农业生产的恢复和发展是有利的。由于国内政治统一,社会相对安定,对外关系友好,往来交通便利,使得当时在各个方面都有了显著的进步。随着农业生产的兴盛,商业、手工业的发达,水陆运输的通畅,新兴起了许多繁华的都市。扬州正是在这样的历史条件下,出现了它前所未有的繁荣。

江淮地区是出产丰富、经济发达的地区,唐朝的国库收入主要来自江淮,国家军政费用的庞大支出就更加依靠江淮,"赋之所出,江淮居多"。所有事实说明,江淮地区的供应能否充足和及时,对统治集团的利害关系很大,如一时供应不上或不能运出,在平时皇帝和官吏就要就食东都——跑到洛阳去吃饭,战时就直接关系到军队的强弱和战争的胜败。关中和江淮之间的交通主要是水路交通,成为当时统治阶级的生命线,居于要冲地位的扬州,其重要性就可想而知了。

扬州是南北水陆转运的重要中心,特别是南方各地通往中原的物品都必须先在这里集中,然后由这里沿运河北上,这就形成了它繁荣而又繁忙的热闹景象。为了适应这种大规模运输事业的需要,政府很注重扬州附近水利工程建设。例如,由于历年江沙淤积,原为扬州入江渡口的扬子镇已不在江岸上,南北往来须绕途瓜洲,迂道60余里,且多风浪,不便运输,便改移海路,由润洲的京口埭直渡江20里,从瓜洲开出一条25里的伊娄河直通扬子镇,唐代诗人李白曾赋诗赞道"齐公凿新河,万古流不绝。丰功利生人,天地同朽灭。"可见这条河在保证航运的安全便捷上是很有作用的。

除了交通方面的原因外,盐法的改革对扬州的繁荣也有关系。当时在产盐地都设立盐税,制盐的亭户生产出来的盐,一律统归官卖,严禁走私,从此盐税便成为朝廷的重要收入。后只在产盐地设盐官,各州县不再设盐官,制成的盐转卖给商人,任其贩卖,海盐产量大、价格低、销售广、利润大、税收也多,作为海盐集中地的扬州,也就成为全国最富饶的城市之一。

在唐代,沟通南北的大运河在物资交流方面发挥了巨大作用。扬州处在连接长江和运河的中心,成为南北货物的最大集散地,它的商业和手工业也相应地兴盛起来。

扬州运河

扬州当时是"商贾如织"的地方。在这里云集着本地和外地的各式各样的商人,还有不少节度使、观察使等官僚,为了牟取暴利,也假借军用名义,派人到扬州开设店铺,经营商业。除了活动于当地的一般商人外,称得起富商大贾的,"运逾百数"。他们不论是从四面八方来到扬州,还是从扬州到四面八方,总以扬州为根据地,做着运往输来的大买卖。这种全国性的商业活动,促进了各地物资的广泛交流。

"南北东西不失家,风水为乡船作宅",这是盐商生活的写照。唐代淮南沿海一带出产的盐,多先集中扬州,再由扬州分配给各地。盐商就以扬州为中心点,从这里把盐运往各地,甚至远达长安。有一年京城长安食盐价格暴涨,唐朝廷命从淮南取盐三万斛,以救关中之急。命令下达后,仅用了40天的时间,就从扬州将盐如数运到长安,当时的人认为这么短的时间内就把盐运来是很神奇的。

"商人重利轻离别,前同浮梁买茶去"。茶是在唐代发展起来的一种新的经济作物,当时饮茶的风气也由南方传到北方。那时茶商为把南方的茶弄到北方去销售,多先把茶运到扬州,然后从扬州沿运河北上。扬州成了茶的集散市场,也成了茶商的聚集之地,成为仅次于盐的大宗商品。

　　"扬州喧喧卖药市"。扬州又是药材的集散地,药商从别处贩来药材,又从这里贩往别处,扬州是大批药材转手交易的处所。此外,四川的"蜀锦",江西的木材,也是扬州为主要销售市场,都反映了这类货物纷纷运往扬州。

　　唐代扬州由于原材料来源比较方便,技术交流较快,使它的手工业的制作水平有了显著提高,出现了大量的工业作坊和工场。像扬州特产铜器、毡帽和丝织品都在全国有很大名气。

　　唐代扬州的制糖业很有成绩,制糖工人吸取了外国的制糖法而又有所发展,质量有很大提高。

　　扬州的木器家具也做得很精巧,远销外地。制船业更是发达,除了制造一般漕运船只外,还能制造航海的大船。鉴真和尚东渡日本,第一次出发的海船就是在扬州新河赶造的。当时扬州造的船只航行在全国的各条江河上。

　　"烟花三月下扬州",唐代的扬州,交通发达,经济繁荣,为文化艺术的交流和发展提供了有利的条件,也吸引着全国的文人学士,当时的扬州,称得上是人文荟萃之区。这些文人学士对扬州文化艺术的发展,也起到了巨大的促进作用。

"商胡离别下扬州"

　　解放以来,扬州先后出土了一批唐俑,其中有些俑,高鼻深目,一望而知是"胡人"的形象,故被称为"胡俑";此外还发现了与"胡俑"有联系的骆驼俑。骆驼有"沙漠之舟"之称,正是胡人长途跋涉的交通工具。面对这些造型精美、栩栩如生的出土文物,遥想当年唐代扬州的情景,人们会自然联想到诗人杜甫《解闷》12首中"商胡离别下扬州"的很有概括性的诗句。

种种史实告诉我们,唐代往来扬州的商胡是很多的。他们与扬州关系是很密切的。这些被统称为胡人的人来自波斯和大食,也就是说,他们是古代的伊朗人和阿拉伯人。

波斯(伊朗)是丝绸之路的必经之地,又是南北两路的会合点和转运站。中国的丝绸、工艺品和文物大量输入波斯,再从波斯向西方传去。所以波斯与中国不仅有久远的经济文化交流的历史,也沟通了中国和欧洲各国的经济往来。到唐代,两国关系更为密切,波斯商人的足迹几乎遍及全国的著名城市,有不少波斯人就在中国定居下来。

大食(阿拉伯)的会做生意的商人们,很早就航行在红海、波斯湾和印度、斯里兰卡之间。他们从印度把东方各国的货物,包括中国的丝绸等运到红海的苏伊士,然后用骆驼运到亚历山大港,再运至欧洲;又将西方以及非洲的货物如香料、象牙等,贩到印度,再转输到中国和其他亚洲国家。大食很早就作为中间人间接地沟通了中国同伊朗、阿拉伯和埃及的海上交通。但作为正式往来还是到唐代初期,从海上频繁的交通贸易才开始的。大食的商人们在唐朝各地进行经商活动,也有不少人在中国定居。

在唐代,海上交通日趋发达,我国东南沿海的对外贸易活动更为繁忙兴隆,所以有多条海路至我国广州泊舟登岸。当时全国数广州、洪州、扬州和长安的胡人最多,这几个地名也常见于唐时阿拉伯的著作中。扬州因为是"商贾如织"的最繁华的城市,又是南北交通的要冲,波斯和大食人抵达广州后,为了赶到扬州做生意,必须经大庾岭入江西洪州(现南昌),然后沿赣江而下,顺长江到扬州。如果还要去长安,就要由扬州沿运河至洛阳,再经陆路过潼关西入长安。扬州作为必经之路上的繁华商市,自然成为商胡的主要集中地之一了。

唐政府对商胡在我国的贸易活动是注意加以保护、给予方便的。唐文宗太和八年（834年）上谕说："南海番舶，本以慕化而来，固在接以仁恩、使其感悦。……深虑远人未安，率税犹重，思有矜恤，以示绥怀。其岭南、福建及扬州番客，宜委节度使常加存问，除舶脚、收市、进奉外，住其来往通航，自为交易，不得重加率税。"由于唐政府实行对外贸易的优惠政策，使得扬州的这种国际间贸易相当活跃，规模也是相当大的。

当时胡人在扬州开设了许多胡店，买卖的商品大多是珍宝和贵重药材。在矿物和珍宝方面，胡人经营的主要有玛瑙、琉璃、红石头、绿石头和猫眼等总称为回回石头的多种贵重宝石，此外还有象牙、犀角等。胡商在扬州多收购珍珠之类物品，因为珍宝这类商品具有体积小、质量轻、运输方便、价值高、获利大等特点，使得胡商多做此类生意。做这类生意的胡商，由于他们长期和珍宝打交道，对珍宝有很强的鉴识能力。民间传说的关于胡商辨识珠宝和高价收购的"波斯献宝"、"别宝回子"等传说故事，听起来好像有些稀奇古怪，但也是有事实根据的，只不过在民间流传中被夸张和神化了。这些故事生动地说明了胡人的眼力之高和资本之大。

在珍贵药物方面，胡商在扬州药市上出售的主要有安息香、没食子、无漏子、乳香、没药、血竭等。有些药品在今天已经不是什么珍稀之物了，但当时却是从国外远道运来，都是极为名贵的药材，价格也是很昂贵的。胡商不但在扬州销售本国药材，同时也收购中国的稀有药材，然后贩到国外销售。

另外，胡人还有在扬州开饮食店的，有卖"胡饼"的（即现在的烧饼），还有酿制美酒"三勒浆"出售的。有关记载中提到的所谓"胡饭"，就是指当时胡人饮食店中所做的外国口味的饭菜。

当时的扬州，波斯、大食人很多，当地人和他们相处得很融洽，相互之间也很信任，他们之间除了经济贸易等业务上的往来，有事情还相互托付办理，达到亲密无间的程度，表现了两国人民的友好关系。扬州在中国人民和世界各国人民的经济文化交流史上，占有重要的一页。

中日友好使者——鉴真和尚

扬州历史上,曾出现过一位为中国和日本两国友好作出过重大贡献的人物,他就是鉴真和尚。

鉴真是扬州江阳县人,俗姓淳于,公元688年生,14岁在扬州大云寺出家,18岁从律宗大师道宗的门人光州(今河南潢川)道岸律师受菩萨戒。21岁于西京(长安)实际寺受完全充足的"大戒"——具足戒。此后,鉴真在长安、洛阳等地游学,从众多名师受教,专攻佛教的律宗,兼及佛教的其他学说。

鉴真游学的长安、洛阳二京,是当时政治经济、文化和佛教的中心。鉴真是一个注重实际知识的和尚。他所到的佛寺讲堂都有着华美的建筑、庄严的塑像,精彩的绘画和各种文化典籍,并能结识到各方面的人才,这使鉴真在研究佛典的同时,能够接触和掌握到当时多方面的文化成就。

26岁左右,鉴真成为一个精通佛教律宗学说的有名和尚回到了扬州,并以这里为中心,开始了他此后30年在淮南地区广泛的宗教活动和社会活动。到中年的时候,鉴真就被尊为淮南江左地区"独秀无伦、道俗归心"的宗教领袖。这期间他除讲经授戒外,在他的主持下,曾建造寺塔80余所,造佛像无数,缝制袈裟三千领,书写佛教一切经三部各11000卷,还从事救济贫困的工作和亲自煎调药物、医疗疾病等社会福利事业。从以上活动可以看出,鉴真是一个掌握了多种实际知识、有丰富的经验和才能的学问僧。

鉴真生活的时代是我国的邻邦日本进入了历史上有名的"奈良时代"。"奈良时代"是指710年日本元明天皇奠都奈良,到784年桓武天皇迁都长冈共75年的这段时期,在这时期内,日本大量吸收中国文化,形成了中日文化交流的高潮。

中国佛教传入日本后,佛教的僧伽制度很不完备,缺乏一位律学精深,德望卓著的大师来主持正规的授戒仪式,以整顿僧伽组织,确立戒律的传授和奉持制度。看来只有到中国来聘请了。借遣唐使赴唐的机会,知大政官事舍人亲王和当时日本佛教界的权威僧人隆尊考虑再三,决定派遣大安寺的普照和兴福寺的荣睿两位优秀的僧人完成这个重大的任务。希望他们能在派遣下一次遣唐使的十多年的时间内,完成这个任务。

荣睿、普照等人在中国学习佛教转眼已有十个年头,天宝元年(742年)初冬他们由长安出发前往扬州,慕名前去拜访鉴真,希望鉴真能在他的门徒中推荐几位适当的传戒师就行了,还没有敢想请鉴真这样的高僧出国。

鉴真时年55岁,住持扬州大明寺,手下有30多个弟子。荣睿来到大明寺,向鉴真礼拜后,恳切地说:"佛法传入日本已180多年了,但因没有传戒师,至今还不能正规地授戒。特请和尚推荐律师渡日弘法,整顿戒律,光大圣教。"

听了荣睿的话,鉴真对众弟子说:"现在日本专程来请,你们有愿去日本做传戒师的吗?"说完,他看着弟子等待他们的回答。

好半天没人吭声,过了一会儿,一个叫祥彦的弟子说:"我听说日本是一个遥远的国家,到那里去要渡过浩淼的沧海,一百个人中难得有一个能过去的,常言道'人身难得,中国难生'还是……"

鉴真没等祥彦把话说完,又问别的人是否愿意去,得到的是一阵沉默。于是,鉴真便以坚定的口吻说:"为了传法的事,浩淼的沧海何足为惧,顾惜自己的生命是不应该的。你们不去,那就我去吧!"

鉴真一席话,说得众弟子羞愧难当,马上有祥彦等21个弟子表示愿随鉴真一同前往日本。

荣睿、普照听到高僧鉴真将亲自带领弟子到日本去,感动得不知说什么好,深深地向鉴真顶礼拜谢。

渡海去日本,说起来简单,做起来可就难了。光是准备工作就够费心的了,要造船,准备粮食,雇请船夫,为了把中国的工艺技术传到日本去,鉴真还雇请了画师、绣师、玉作人、雕楹、刻镂、铸写、修文、镌碑等工匠和随船物品。

鉴真和尚东渡图

海途遥遥、风高浪涌、海匪打劫、官府刁难,这些困难都阻挡不了鉴真去日本传授佛法的决心。鉴真先后5次,历尽千难万险起程渡海,但不是遭风浪船舶触礁,就是被大风吹离了航向,或是被官府追回,要不就是被海流飘回。历经数年,壮志未成,鉴真眼睛都失明了,但他去日本的决心没有变,他说:"我5次渡海赴日未成,心里非常难过,虽然如此,我渡日的决心从来没有动摇。"

苍天不负有心人,公元753年,鉴真终于第六次渡海成功,来到了日本。鉴真的到来受到了日本人民的热烈欢迎。

鉴真生活的年代是我国历史上封建文化艺术空前高涨的时代。鉴真极高的艺术修养和造诣,以及他的弟子也是水平很高的艺术宗匠,加上他们赴日时带了大批的优秀的艺术工匠,通过他们的不懈努力和辛勤劳动,对日本文化艺术事业的发展作出了积极的贡献。

鉴真在日本10年间,对日本的佛教、建筑、雕塑、绘画、书法、文学语言和医学诸方面都作出了重要的贡献,影响是极其深远的,得到了日本上至皇室、下至人民群众的赞誉与景仰。

日本天平宝字七年(763年)五月初六,76岁高龄的鉴真于唐招提寺住处盘腿而坐,面孔朝西而逝。

鉴真虽然去世了,但是中日两国人民一直没有忘记他和他的弟子们的不朽功绩,鉴真通过海上丝绸之路才把盛唐文化,大规模地传向了日本,对日本奈良时期天平朝的宗教、特别是文化的发展所作的重大贡献,已成为佳话在日本人民中长远广泛地流传,鉴真作为中日友好的使者永远活在两国人民的心中。现在扬州的鉴真纪念堂,成为每一位到扬州游览观光的中外游客的参观圣地,人们无不为扬州曾有这么一位受人敬仰的伟大人物而感到自豪。

扬州鉴真纪念堂

日本人民为表达对源远流长的中日文化交流的纪念和对1200多年前的友好使者鉴真大师的崇敬，特请日本著名风景画家东山魁夷为唐招提寺创作鉴真故乡中国风景壁画。

　　东山先生在日本画苑的声誉很高，他对中国是非常有感情的。在学校时就临摹过宋元花鸟画、中国隋唐工笔重彩画和明清水墨画等对他都有影响。尤其是他为唐招寺准备创作鉴真故乡中国风景壁画来华访问的时候，他又开始学用水墨写生。他说："在中国画和中国风景的对照中我才真正悟出，世上竟真的存在着如此深远的画境，以致不抛弃色彩，你就无法表现它！"他还说："谈论中国风景之美，同时也是谈论中国民族精神之美。"他在新壁画的创作中，进行了大胆的突破，把东方艺术中工笔重彩画与水墨写意画这两支主流结合起来。他以三年半的时间为唐招提寺完成了第一部分——日本风景画《山云》、《涛声》的创作。为了庆贺中日建交，他满怀激情地创作了《春晓》，赠给我国各族人民的领袖毛泽东主席。东山先生为继续完成唐招提寺中国风景壁画的创作，他曾先后三次来我国访问，以新鲜、敏锐的感觉，感受到中国风景之美，为他的创作积累了丰富的素材。

日本唐招提寺

唐招提寺的中国风景壁画的创作现在已经全部完成,在日本画苑,人们赞不绝口。同时,日本人民也为这些壁画展现了中国友好的使者鉴真大师的故乡——扬州的风光而兴奋不已,深深地怀念鉴真大师为中日友好作出的巨大贡献。

扬州古运河

　　隋炀帝杨广即位后,为了加强对全国政治上的控制,并且使江南地区的物资能够更方便地运到北方来,加上他个人追求享乐,一开始就办了两件事:一是在洛阳建造一座新的都城,叫东都;二是开一条贯通南北的大运河。

　　公元605年,隋炀帝派管理建筑工程的大臣宇文恺负责造东都。宇文恺是个高明的工程专家,他迎合隋炀帝追求奢侈的心理,把工程规模搞得特别宏大。建造宫殿需要的高级木材石料,都是从大江以南、五岭以北地区运来的,光一根柱子就得用上千人拉。为了造东都,每月征发二百万民工,日夜不停地施工。他们还在洛阳西面专门造了供隋炀帝玩赏的大花园,叫做"西苑"。

　　在建造东都的同一年,隋炀帝就下令征发河南、淮北各地百姓一百多万人,从洛阳西苑到淮水南岸的山阳(今江苏淮安),开通一条运河,叫"通济渠";又征发淮南百姓十多万人,从山阳到江都(今江苏扬州),把春秋时期吴王夫差开的一条"邗沟"疏通。这样,从洛阳到江南的水路交通就便利得多了。

　　以后五年里,隋炀帝又两次征发民工,开通运河,一条是从洛阳的黄河北岸到涿郡(今北京市),叫"永济渠";一条是从江都对江的京口(今江苏镇江)到余杭(今浙江杭州),叫"江南河"。最后,把四条运河连接起来,就成了一条贯通南北,全长四千里的大运河。这条大运河是我国历史上伟大工程之一。它对我国经济、文化的发展和祖国的统一,起着积极的作用。不用说,这是我国成千上万劳动人民用血汗甚至生命换来的。

隋炀帝特别喜欢外出巡游,一来是游玩享乐,二来也是向百姓摆威风。从东都到江都的运河刚刚完工,隋炀帝就带着二十万人的庞大队伍到江都去巡游。

隋炀帝早就派官员造好上万条大船。这上万条大船在运河上排开,船头船尾连接起来,竟有二百里长。

这样庞大的船队,怎么行驶呢?那些专为皇帝享乐打算的人早就安排好了。运河两岸,修筑好了柳树成荫的御道,八万多名民工,被征发来给他们拉纤,还有两队骑兵夹岸护送。河上行驶着光彩耀目的船只,陆地上飘扬着五色缤纷的彩旗。

隋炀帝下扬州

为了满足船队大批人员的享受,隋炀帝命令两岸的百姓,给他们准备吃的喝的,叫做"献食"。那些州县官员,就逼着百姓办酒席送去,有的州县,送的酒席多到上百桌。留下的许多剩菜,就在岸边掘个坑埋掉。可是那些被迫献食的百姓,却弄得倾家荡产了。

江都在当时是个繁华的地方。隋炀帝到了江都,除了尽情游玩享乐,还大摆威风。为了装饰一个出巡时候用的仪仗,就花了十多万人工,耗费的钱财更是上亿论万。这样整整闹腾了半年,又耀武扬威地回到东都来。

隋炀帝建东都,开运河,筑长城,加上连年的大规模的巡游,无休无止的劳役和越来越重的赋税,已经把百姓压得喘不过气来了。

在这条运河线上,留下了历代著名文人墨客大量的诗文名篇:"故人西辞黄鹤楼,烟花三月下扬州"(李白);"嘹唳塞鸿经楚泽,浅深红树见扬州"(李绅);"春风十里扬州路,卷上珠帘总不如"(杜牧);"天下三分明月夜,二分无赖是扬州"(徐凝);"沉舟侧畔千帆过,病树前头万木春"(刘禹锡);"楼船夜雪瓜洲渡,铁马秋风大散关"(陆游);"春风又绿江南岸,明月何时照我还"(王安石)等等。这些千古名句,描绘了古代扬州曾经有过的"歌吹沸天"、极尽繁华的辉煌时代,而这一切无不与运河一脉相承。在运河绵延千里的岸线上,扬州与运河的兴衰息息相关!

展望中国名港

港口既是一个国家的窗口，又是一个国家的门户。我们国家的港口，特别是沿海和长江沿岸的一些重点港口，既是我国实行对外开放和进行对外贸易的重要门户，更是我国海陆空运输的枢纽。现在的港口已逐渐发展成为综合性的物流基地、物资集散地、金融和贸易中心，同时也是当前区域经济发展的龙头，也是连接国际、国内两大市场的中枢。目前我国对外贸易进出口物资的 90% 以上都是通过港口运输的。

我国幅员辽阔，海岸线长达 18800 多公里。解放前，沿海港口泊位不多，内河港口大多处于自然水深状态。我国港口大部分都是在近代开辟为通商口岸的。解放前，这些港口十分简陋落后。解放后，我国沿海港口虽有 150 多个，但万吨级以上泊位的只有 61 个，且大部分受战争破坏严重，无法使用。沿海全部港口年吞吐量加在一起也不过 1000 万吨。从建国初期到 20 世纪 70 年代初的 20 多年间，港口建设发展缓慢，共计只新建了 30 个万吨级以上深水泊位，平均每年只建起一个多一点儿。

1973 年，周恩来总理提出要在"三年改变港口面貌"的口号。自此，港口建设才被列入国家经济建设的重点项目。在 1973—1981 年的 9 年时间中，我国改建新建了深水泊位共计 55 个，平均每年建成 6 个，进度较前稍快。到 80 年代初，我国沿海港口虽拥有大、中、小泊位 300 多个，但其中万吨级以上的泊位也只有 161 个，比解放初期的 61 个增长了 1.6 倍。同时，我国共拥有沿海及内河各类港口 700 多个，比解放初期增长了 16 倍，但港口码头泊位仍处于严重不足状态。

随着改革开放的深入，我国国民经济蓬勃发展，这大大促进了航运事业的快速成长。经过多年的建设，到目前，我国已拥有沿海和内河生产性泊位 33450 个，其中深水泊位 835 个，初步形成了以环渤海、长江三角洲、珠江三角洲港口群为主的总体格局。建国至今的 60 多年来，我国港口事业得到了空前的迅猛发展,无论是在港口码头的规模建设方面,还是在生产经营和管理方面都发生了历史性巨变,取得了举世瞩目的成就。这不仅完全扭转了我国过去长期与国际经济发展不相适应的被动局面,也大大缩短了与发达国家的差距,而且进一步增强了港口在我国国民经济中的地位、作用和在国际上的竞争能力。

目前,中国名港越来越多,由于篇幅原因,本书只介绍了 12 个港口,但我们不能忽视其他港口在对外贸易中所作出的贡献。如:丹东港、烟台港、威海港、日照港、连云港港、南通港、张家港港、镇江港、舟山港、福州港、湄州湾港、厦门港、深圳港、中山港、珠海港、海口港、三亚港、高雄港、香港港、澳门港、南京港等等。

中国地处太平洋西岸,在 18000 公里海岸线和 14000 公里岛屿岸线的沿海地区,人口占全国的 40.2％,工农总产值占全国的 53％,有着发展海运事业良好的条件和经济基础。综合中国沿海地区的特点,结合港口内陆腹地及其所处的地位,今后港口建设布局分东北、华北、山东、苏沪浙、福建、两广和海南岛七个区域进行规划。东北沿海重点建设大连、营口两港,合理承担该区内外贸易物资和旅客运输任务;华北沿海重点建设秦皇岛、天津两港,以适应煤炭外运和区内内外贸易物资运输需要;山东沿海重点建设青岛、日照两港,以适应能源运输和山东半岛进一步开放的需要;苏沪浙沿海重点建设上海、连云港和宁波港,以适应这一地区及其腹地内外贸易发展需要;福建沿海重点建设福州、厦门港,并开辟湄州湾深水港,以适应发展外向型经济及大陆与台湾通航的需要;两广沿海重点建设广州、深圳、汕头及湛江四个港口,以满足沿海及珠江三角洲产业密集带的外向型经济对运输的需求;海南岛地区重点建设海口、海浦、八所、三亚港,以适应最大特区发展环岛产业和旅游业的需要。我们将按照国情建设具有中国特色的港口运输网,为发展世界海运事业,促进与国际经济交流,作出自己的贡献。

(说明:本书使用的个别图片无法与原作者取得联系,在此表示歉意,敬请原作者及时与我社联系,我社将按照有关标准支付报酬。)